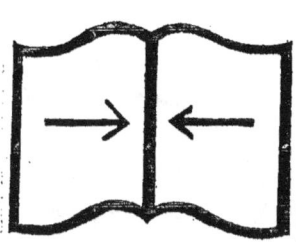

RELIURE SERREE
Absence de marges
intérieures

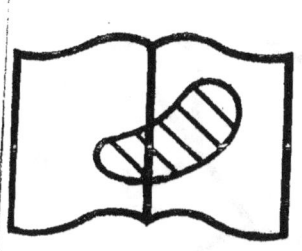

Illisibilité partielle

VALABLE POUR TOUT OU PARTIE
DU DOCUMENT REPRODUIT

Couverture inférieure manquante

Début d'une série de documents en couleur

XAVIER DE MONTÉPIN

LE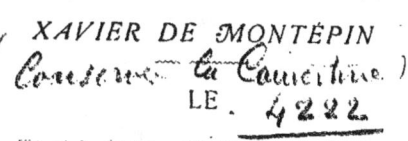

MARIAGE DE LAGUARS

II

PARIS
E. DENTU, ÉDITEUR
LIBRAIRE DE LA SOCIÉTÉ DES GENS DE LETTRES
3, PLACE DE VALOIS, 3, PALAIS-ROYAL
1889

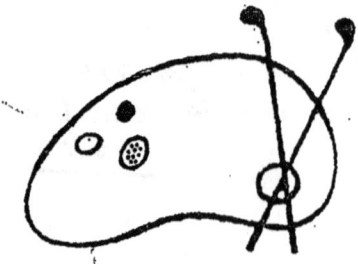

Fin d'une série de documents
en couleur

LE
MARIAGE DE LASCARS

LIBRAIRIE E. DENTU, ÉDITEUR

DU MÊME AUTEUR

	fr.		fr.
Les Amours d'Olivier (suite et fin de la *Baladine*), 3ᵉ édit., 2 vol.	6	La Maîtresse masquée, 3ᵉ édit., 2 vol.	6
Les Amours de Province, 2ᵉ édit., 3 vol.	9	La Marquise Castella, 3ᵉ éd., 2 vol.	6
La Bâtarde, 3ᵉ édit., 2 vol.	6	Le Mari de Marguerite, 14ᵉ édit., 3 vol.	9
La Baladine, 3ᵉ édit., 2 vol.	6	Les Maris de Valentine, 8ᵉ édit., 2 vol.	6
Le Bigame, 6 édit. 2 vol.	6	Sa Majesté l'Argent, 6ᵉ édit., 5 vol.	15
La Voyante, 2ᵉ édit., 4 vol.	12	Le Médecin des Folles, 5ᵉ édit., 5 vol.	15
I. — Blanche Vaubaron, 2 vol.		P.-L.-M., 3ᵉ édit. 6 vol.	18
II. — L'Agence Rodille, 2 vol.		I. — La Belle Angèle, 2 vol.	
Le Crime d'Asnières, 4ᵉ édit., 2 vol.	6	II. — Rigolo, 2 vol.	
I. — L'Entremetteuse.		III. — Les Yeux d'Emma-Rose, 2 vol.	
II. — La Rastaquouère.		Les Pantins de Madame le Diable, 4ᵉ édit., 2 vol.	6
Le chalet des Lilas, 3ᵉ édit., 2 vol.	6	Une Passion, 4ᵉ édit., 1 vol.	3
Une Damede Pique, 3ᵉ édit., 2 vol.	6	Le Parc aux Biches, 3ᵉ édit., 2 vol.	6
Une Débutante, 3 édit., 1 vol.	3	La Porteuse de Pain, 3ᵉ édit., 6 vol.	18
La Demoiselle de Compagnie, 3ᵉ édit., 4 vol.	12	Le Roman d'une Actrice, 3ᵉ édit., 2 vol.	6
Le dernier duc d'Hallali, 3ᵉ édit., 4 vol.	12	I. — Paméla des Variétés.	
Deux Amies de St-Denis, 4ᵉ édit., 1 vol.	3	II. — Madame de Franc-Boisy.	
Deux Amours, 4ᵉ édit., 2 vol.	6	Le Secret de la Comtesse, 5ᵉ édit., 2 vol.	6
I. — Hermine.		I. — Le Capitaine des Hussards.	
II. — Odille.		II. — Armand.	
Un Drame à la Salpêtrière, 2ᵉ édit., 2 vol.	6	Le Secret du Titan, 2ᵉ édit., 2 vol.	6
Le Fiacre nº 13, 6ᵉ édit., 4 vol.	12	Simone et Marie, 3ᵉ édit., 6 vol.	18
La Fille de Marguerite, 3ᵉ édit., 6 vol.	18	Son Altesse l'Amour, 4ᵉ édit., 6 vol.	18
Les Filles de Bronze, 5ᵉ édit., 5 vol.	15	La Sorcière Rouge, 4ᵉ édit. 3 vol.	9
Les Filles du Saltimbanque, 2ᵉ édit., 2 vol.	6	Les Tragédies de Paris, 7ᵉ édit., 4 vol.	12
I. — La Comtesse de Kéroual.		Le Ventriloque, 4ᵉ édit. 3 vol.	
II. — Berthe et Georgette.		I. — L'assassin de Marietto.	
Jean-Jeudi, 5ᵉ édit., 2 vol.	6	II. — La femme du Prussien.	
Madame de Trèves, 4ᵉ édit., 2 vol.	6	III. — Le Mari et l'Amant.	
La Maison des Mystères, 2ᵉ édit., 2 vol.	6	La Veuve du Cuirassier, 8ᵉ édit., 2 vol.	6
La Maîtresse du Mari, 5ᵉ édit., 1 vol.	3	La Vicomtesse Germaine, 7ᵉ édit., 3 vol.	9

ÉMILE COLIN. — IMPRIMERIE DE LAGNY.

XAVIER DE MONTÉPIN

LE MARIAGE
DE
LASCARS
II

PARIS
E. DENTU, ÉDITEUR
LIBRAIRE DE LA SOCIÉTÉ DES GENS DE LETTRES
3, PLACE DE VALOIS, 3

1880
(Tous droits réservés)

LE
MARIAGE DE LASCARS

XXXVIII

NOUVEAU POINT DE VUE

Lascars avait écouté le récit de Pauline avec les signes les moins équivoques d'un attendrissement profond, et à plusieurs reprises il avait fait le geste d'essuyer ses paupières humides.

Puis, après une transition habilement ménagée :

— Chère sœur, ce frère de votre père, ce Philippe Talbot, si injuste dès l'origine, et si cruel, si implacable jusqu'à la fin, avait-il véritablement changé de nom, ainsi que vous me l'avez donné à entendre?

— Oui... — répondit la jeune fille, — il en avait changé...

— Peut-être, — poursuivit Roland, — ignorez-vous le nom qu'il a jugé convenable de prendre?

— Je le connais,... — il s'est fait appeler Philippe de la Boisière, sans doute à cause d'un domaine considérable qu'il possède en Touraine et qu'on désigne ainsi...

Roland ne put réprimer un mouvement brusque et involontaire.

— Philippe de la Boisière... — répéta-t-il lentement, en homme qui interroge sa mémoire.

Pauline fut frappée du tressaillement et de l'accent particulier de Lascars.

— Vous est-il donc arrivé de rencontrer à Paris M. de la Boisière? — demanda-t-elle à son tour.

— Je le crois, sans en avoir la certitude — répliqua le baron; — mais il est positif que le nom prononcé par vous ne frappe pas en ce moment mon oreille pour la première fois... — Pouvez-vous me tracer en quelques mots un portrait sommaire de votre oncle?...

— Cela m'est impossible... — Je ne l'ai jamais vu...

— Savez-vous du moins quel quartier il habite?

— Son hôtel est situé rue Culture-Sainte-Catherine...

— Est-il marié?

— Je l'ignore et peut-être mon père l'ignorait-t-il comme moi... Pourquoi donc m'adressez vous ces questions?

— Pour venir en aide à mes souvenirs incertains, et pour tâcher de découvrir si M. de la Boisière m'est réellement connu...

— Mon ami, — reprit Pauline, — je vous ai dit tout ce que je pouvais vous dire, tout ce que je savais moi-même sur un passé bien triste... — Maintenant, je vous en prie, ne me parlez plus de ce parent si proche pour qui je ne suis qu'une étrangère... — Dieu défend, je ne l'ignore pas, la rancune et la haine... il ordonne le pardon des injures, aussi je n'éprouve point de haine pour Philippe Talbot et je lui pardonne du fond du cœur son aveugle et inflexible cruauté, mais il a fait tant de mal à mon père que je ne puis entendre prononcer son nom sans souffrir... vous comprenez cela, n'est-ce pas ?

— Je le comprends, et vous serez obéie, ma sœur... murmura Lascars.

En ce moment madame Audouin, qui s'était endormie un peu plus qu'aux trois quarts sur son banc, à l'arrière du bateau, se réveilla brusquement.

— Minuit !... s'écria-t-elle d'une voix qu'un reste de sommeil rendait chevrotante, bonté divine ! il est minuit !

— Déjà minuit ! — répliqua Pauline ; — mais c'est impossible ! — Ma bonne Audouin, tu rêves sans doute...

— Ah ! je rêve ! — tu dis que je rêve ! — Eh ! bien, écoute un peu, petite fille, et nous verrons laquelle de nous est bien éveillée...

— Madame Audouin a raison... — dit alors Lascars ; — le temps a passé comme un éclair...

La barque se trouvait précisément à cet endroit où le pont du chemin de fer traverse aujourd'hui la Seine, et le bruit métallique des cloches de Saint-Germain sonnant les douze coups de minuit retentissait d'une façon distincte dans l'atmosphère silencieuse.

— Nous sommes allés trop loin, monsieur le baron ! beaucoup trop loin, — reprit la gouvernante, Dieu sait quand nous rentrerons à la maison...

— Je ferai de mon mieux, Madame, pour vous y ramener le plus vite possible, — répondit Roland ; — je vais ramer de toutes mes forces...

— Ne vous fatiguez pas, cependant... — murmura Pauline en se penchant vers Lascars — quoiqu'il soit tard, rien ne nous presse... — La nuit est si belle sur les eaux ! — Il me semble que je n'oublierai jamais cette promenade nocturne... elle m'aura semblé bien courte!

— Cette promenade sera le plus cher souvenir de ma vie! dit Roland d'une voix faible comme un souffle, et qui ne fut entendue que de la jeune fille.

Cependant, comme le baron tenait beaucoup à se concilier les bonnes grâces de madame Audouin, il vira de bord aussitôt et, maniant ses avirons avec une infatigable énergie, il se mit en devoir de remonter le courant, besogne fatigante, comme on le sait, et presque au-dessus des forces d'un seul homme...

Bref, ce ne fut qu'au bout de près de deux heures d'une tension violente et continue, que Lascars put enfin amarrer son bateau en face des bâtiments du Bas-Prunet où, sautant à terre, il donna successivement la main à Pauline et à madame Audouin pour les aider à descendre.

Il accompagna ensuite les deux femmes jusqu'à la maisonnette, et ne les quitta que lorsqu'il eut vu la porte se refermer derrière elles.

— A demain, n'est-ce pas, mon frère? — avait dit la jeune fille en se séparant de lui, et, de son côté, il avait répondu par un geste qui signifiait clairement : — à demain...

En arrivant au Moulin-Noir, Lascars était brisé de fatigue. — Il traversa sans s'arrêter la salle basse dans laquelle Sauvageon dormait d'un sommeil de plomb ; — il prit à peine le temps de se déshabiller et il se jeta sur son lit en murmurant :

— Ou je me trompe fort, ou ce qui ne devait être qu'une distraction va prendre les proportions d'une immense affaire... mais, à demain les affaires sérieuses...

Et il s'endormit, d'un sommeil presque aussi lourd que celui de son valet improvisé.

Le lendemain, quand Lascars se réveilla, il faisait déjà grand jour et les joyeux rayons du soleil, entrant par la fenêtre étroite, dessinaient des lignes d'or sur le plancher poudreux.

— J'ai rêvé cette nuit que j'étais redevenu riche, et même très riche ! — Telles furent les premières paroles que le baron s'adressa à lui-même. — De par tous les diables, c'est d'heureux augure !... — ajouta-t-il.

Il se frotta les yeux et il reprit :

— Voyons un peu ce qu'il convient de faire pour changer le rêve en réalité... — Plus j'interroge mes souvenirs, plus je me crois certain d'avoir rencontré dans le monde particulier des joueurs et des filles d'opéra un vieillard de fort grande mine qui s'appelait La Boisière... — Ce vieillard jetait son or sur les tapis verts largement, presque follement, il gagnait sans joie apparente, il perdait sans sourciller, et se montrait, avec ces demoiselles, plus galant que les plus jeunes...

« Suis-je servi fidèlement par ma mémoire !... — Ce personnage est-il en effet l'oncle de Pauline Talbot ? — A-t-il conservé sa fortune ?... — est-il resté garçon ?

« Il importe de savoir au plus vite à quoi s'en tenir sur ces questions, desquelles mon avenir pourrait bien dépendre, car enfin, si l'oncle La Boisière n'a point pris femme et n'a pas d'enfants, Pauline est sa plus proche parente, par conséquent son unique héritière... — Or, Pauline, ne comptant ni peu ni beaucoup sur l'héritage, sera très fière de se nommer la baronne de Lascars et deviendra folle de joie le jour où je lui ferai l'insigne honneur de lui proposer ma main....

« Donc les deux points importants à éclaircir sont

ceux-ci : — le célibat de l'oncle et l'existence des millions... — aussitôt édifié favorablement à ce double sujet, j'épouse...

« Mais j'y songe, si les millions existent, ils ont dû s'augmenter notablement depuis seize ans ! — ils se sont doublés peut-être ! quatre millions ! — quel rêve ! — Passer de la misère où je suis à une fortune de deux cent mille livres de rentes, du jour au lendemain, d'une heure à l'autre, sans transition ! Ah ! il y aurait de quoi en perdre la tête ; — mais je suis trempé solidement, et je réponds bien, si le rêve se réalise, de rester calme et maître de moi-même comme il convient à un millionnaire.

« Mais comment faire ? comment savoir ? — A l'intelligence et à la discrétion de qui puis-je me fier pour prendre des renseignements d'une nature si délicate...

« J'ai bien Sauvageon sous la main, et le drôle ne manque ni d'esprit d'intrigue, ni de finesse, ni d'astuce, mais je ne sais au fond quelle confiance on peut avoir en un coquin de son espèce ; — il est impotent d'ailleurs pour bien des jours encore et mon impatience ne saurait attendre si longtemps...

« Si j'osais ?... — Ah ! bah ! pourquoi pas ?

« Paris est dangereux pour moi... — Je joue gros jeu, c'est évident, en risquant de m'y laisser voir ! mais qu'importe ? — J'irai moi-même ! — La fortune aime les audacieux, et du moins ainsi je saurai tout de suite et complétement à quoi m'en tenir... — Je ne remettrai même pas à demain, je partirai ce soir... — Mort de ma vie ! quand il y a des millions sur le tapis vert, on ne saurait se hâter trop de relever ses cartes et de regarder son jeu !...

Tout en monologuant ainsi, avec un enthousiasme

qui de minute en minute s'échauffait davantage, Lascars quitta son lit, fit sa toilette du matin et, prévoyant que l'assistance de Sauvageon ne tarderait point à lui redevenir précieuse, il passa dans la pièce voisine, afin de s'informer de l'état du blessé.

Il y avait en ce moment juste vingt-quatre heures que Roland avait accompli avec un plein succès sa petite opération chirurgicale, et depuis lors Sauvageon semblait plongé dans un véritable accès de catalepsie.

Un sommeil à tel point lourd et persistant aurait pu causer quelques inquiétudes à Lascars, si les ronflements sonores et réguliers du dormeur ne s'étaient chargés de le rassurer.

— Dois-je réveiller ce pauvre diable? — se demanda-t-il ; et sans doute il allait se répondre négativement, lorsque Sauvageon ouvrit les yeux et fit un mouvement de surprise en voyant son maître debout auprès du matelas sur lequel il reposait.

— Monsieur — s'écria-t-il, d'un air effaré, avec ce trouble d'esprit qui ne manque jamais de suivre un engourdissement trop prolongé du corps et de l'âme, — sait-on que c'est moi?... — vient-on me prendre?

— Soyez calme, mon brave Sauvageon... — répliqua Lascars en souriant, — personne au monde ne songe à vous, et vous ne courez aucun risque, je vous en réponds...

La figure pâlie du blessé rayonna de contentement.

— Vous trouvez-vous mieux? — reprit Roland.

— Ma foi, monsieur, — dit Sauvageon, — je me trouve même tout à fait bien... — Si je ne savais où est mon mal, révérence parler, et si je n'étais sûr de l'endroit, sauf vot' respect, je croirais que j'ai rêvé ma mésaventure... il me semble que j'ai dormi comme un charme...

— Et vous ne vous trompez guère...

— Il n'a cependant pas l'air d'être tard, et l'on dirait que le soleil ne fait que se lever...

— Sans doute, le soleil se lève, mon brave garçon, mais il s'est couché, et vous dormez depuis vingt-quatre heures...

— Si c'est possible ! — murmura Sauvageon stupéfait.

— C'est plus que possible... — c'est certain...

— C'est donc pour cela que j'ai si grand faim !... — mon estomac est tout à l'envers ! — Monsieur pense-t-il que je puisse manger sans péril ?

— Oh ! j'en suis convaincu... — Votre appétit m'enchante et je vais vous servir moi-même...

— Comment, monsieur veut ? — balbutia Sauvageon.

— Pourquoi non ? — C'est à mon service que vous avez été blessé... — il est juste que je vous vienne en aide de tout mon pouvoir...

Lascars s'empressa d'apporter les restes de son repas de la veille, et Sauvageon se précipita sur ces aliments avec la gloutonnerie d'une bête carnassière affamée.

Tandis que le valet dévorait ainsi, le maître prit un vieux fusil qu'il avait acheté à Bougival quelques jours auparavant et gagna les vastes terrains situés derrière l'enclos du Moulin Noir.

Les lapins abondaient dans l'île. — Il suffisait de se poster derrière quelques arbres pour en voir passer des bandes. — Lascars en tua un et le rapporta à Sauvageon, en lui disant :

— Voici les éléments de votre dîner... — Il reste encore un pain tout entier. — Êtes-vous en état de vous lever dans l'après-midi ?..

Le blessé changea de position, se mit sur son séant, et, quoique ce mouvement lui fît faire involontairement une légère grimace, il répondit :

— Oui... oui... monsieur, je peux me lever... — seulement je m'abstiendrai de m'asseoir...

Lascars reprit :

— Soignez-vous bien et ne vous fatiguez pas... — Vous allez rester seul au Moulin Noir... — Je m'absente pour jusqu'à demain...

— Ah! — murmura Sauvageon, — monsieur s'absente... — Est-ce que les amours de monsieur ne vont pas comme il faut avec la petite demoiselle du Bas-Prunet?

— Mes amours, comme vous dites, vont au contraire à merveille.

Le blessé cligna de l'œil d'une façon qu'il croyait spirituelle, et prit un air entendu et malicieux.

— Bon... bon — fit-il — Je comprends... — Mordieu! monsieur, mes compliments!..

— Vous ne comprenez pas le moins du monde... — répliqua Lascars, — je vais à Paris... — J'y vais pour affaires; et ces affaires vous regardent un peu, car il s'agit de ma fortune, et par conséquent de la vôtre puisque je vous ai dit que je m'en chargeais...

— Ainsi, monsieur est toujours en bonne disposition de tenir parole?... — s'écria Sauvageon rayonnant.

— Tout ce que je promets, je le tiens... — peut-être, seulement, aurais-je besoin de vous pour une entreprise délicate...

— Ah! monsieur, je suis prêt! — faut-il courir? — demanda le blessé avec feu en faisant mine de s'élancer de son matelas.

Cet excès de zèle fit sourire Lascars.

— Commencez par vous guérir, mon brave garçon... — répondit-il. — Quand le moment de me bien servir sera venu, je vous le dirai.

— Alors, comme aujourd'hui, monsieur pourra compter sur moi! — Cornes du diable! un si bon maître, un maître qui fera ma fortune... chose difficile, presque impossible... à quoi je n'ai jamais réussi!... — Mort de ma vie, au premier signal j'irai de l'avant, fallût-il recevoir encore quelque part douze douzaines de coups de fusil, — et monsieur verra bien que je suis un gaillard qui ne boude pas à la besogne!

XXXIX

L'HOTEL DE LA BOISIÈRE. — LE CHARIOT D'OR.

Dans l'après-midi Lascars, vêtu avec toute l'élégance que comportait l'état modeste de sa garde-robe, mit dans ses poches l'or qu'il lui semblait peu prudent de laisser à la portée de Sauvageon, son *homme de confiance*, traversa la Seine et prit terre sur l'autre rive.

— Dois-je aller au Bas-Prunet ? — se demanda-t-il tandis qu'il amarrait son bateau. — Dois-je prévenir Pauline qu'elle ne me verra pas ce soir ?

Après un instant d'hésitation, il se répondit :

— Toute réflexion faite, mieux vaut qu'elle ignore les motifs de mon absence... — L'incertitude, l'inquiétude même qu'elle ne manquera pas d'éprouver, seront des stimulants pour son naissant amour, et j'ai la ferme confiance qu'ils me feront faire beaucoup de chemin en quelques heures... ceci est élémentaire...

Cette décision prise, Lascars se rendit pédestrement à Rueil, et se fit servir à dîner dans une petite auberge déserte toute la semaine et fêtée le dimanche par les Parisiens en goguette ; — là il attendit le passage de la voiture publique, sorte de patache étrange et indescriptible, allant deux fois par jour de Saint-Germain à Paris, et prenant des voyageurs tout le long du chemin.

Le baron se trouva seul dans cette voiture que deux bidets poussifs cahotaient lourdement sur les pavés inégaux de la chaussée et, grâce à la prodigieuse lenteur de l'équipage, il n'arriva guère à Paris avant la tombée de la nuit, ce qui servait merveilleusement ses projets en rendant à peu près nul le danger d'être happé au collet par la meute de recors lancés sur ses traces et qui ne pouvaient le dépister dans sa retraite du Moulin Noir.

Des environs de la place Louis XV, où s'arrêtait le véhicule, Lascars se dirigea vers la rue Culture-Sainte-Catherine, singulièrement déchue aujourd'hui, mais qui conservait encore à cette époque une certaine splendeur aristocratique.

Il entra dans une boutique de cette rue et il demanda où se trouvait situé l'hôtel de M. de la Boisière.

La promptitude et l'air de déférence avec lesquels fut donné ce renseignement, semblèrent d'heureux augure à Lascars. — Il en conclut que l'oncle de Pauline devait être un personnage très considérable et très considéré dans le quartier qu'il habitait.

L'hôtel devant lequel il s'arrêta était un vaste bâtiment, d'apparence imposante, percé d'une porte cochère monumentale et d'un grand nombre de fenêtres surchargées d'ornements d'architecture.

Au moment où Lascars examinait ce logis seigneurial, construit sans doute un siècle et demi auparavant pour quelque grande famille éteinte ou ruinée dont le blason se voyait encore sculpté dans la pierre en maint endroit, la porte cochère s'ouvrit avec fracas pour laisser sortir un carrosse éblouissant de dorures, conduit par un énorme cocher galonné sur toutes les coutures, et traîné par deux chevaux normands de la plus grande taille.

Quatre lanternes énormes et d'une incroyable magnificence, placées selon la mode du temps, deux en avant et deux en arrière, répandaient dans l'intérieur du carrosse, à travers les glaces, des clartés vives, grâce auxquelles le baron put distinguer une belle et noble figure de vieillard et trois femmes, qui semblaient jeunes et jolies, vêtues de costumes éblouissants, mais trop riches pour être de bon goût.

Les doutes de Lascars se changèrent aussitôt en certitude. — Le vieillard, était en effet celui qu'il avait rencontré maintes fois jadis dans une brillante mauvaise compagnie.

Deux des jeunes femmes ne lui rappelèrent aucun souvenir. — Dans la troisième, placée à côté de Philippe Talbot de la Boisière, il lui sembla reconnaître Cydalise, cette nymphe d'Opéra qui donnait à jouer à tous les gentilshommes et à tous les brelandiers de Paris, en son hôtel de la rue Saint-Honoré.

Nos lecteurs doivent se souvenir qu'une scène terrible entre le marquis d'Hérouville et le baron de Lascars — (scène racontée par nous au début de ce livre), — avait eu lieu chez Cydalise.

Lascars se frotta les mains.

— Voilà qui va tout à fait bien !... — se dit-il ; — il est clair comme le jour que le vieux Talbot, s'il était marié le moins du monde, n'amènerait point dans son logis ces jolies filles sans préjugés...

Si parfaitement logique que fût ce raisonnement, Roland voulut néanmoins se procurer une preuve encore plus positive.

Il s'approcha du *Suisse* de puissante encolure qui faisait rouler sur leurs gonds les lourds battants de la porte cochère, et il lui dit :

— Cet hôtel est bien celui de M. de la Boisière, n'est-ce pas ?

— Oui... — répondit brusquement le fonctionnaire, non moins galonné que le cocher et que les valets de pied du carrosse.

— Un homme considérablement riche, n'est-il pas vrai ?... — continua Lascars.

Le suisse releva la tête, toisa le questionneur d'un air insolent et murmura :

— Ah ! ça mais, qu'est-ce que cela peut vous faire, à vous ?...

Lascars tira de sa poche un écu de six livres et glissa cet écu dans la grosse main du suisse qui prit à l'instant même une physionomie gracieuse et qui s'écria :

— Très riche, oui monsieur ! oh ! richissime !... — Mon maître ne connaît pas lui-même sa fortune !...

— Je le crois veuf... — poursuivit Roland.

Un large sourire vint dilater la trogne enluminée du gros homme.

— Veuf !... — répliqua-t-il, — ah ! ah ! — On peut répondre oui, si on veut... — Tout dépend de la manière d'entendre la chose !... Mon maître est veuf de beaucoup de dames qui se portent aussi bien que vous et moi, et il n'en a jamais pris le deuil !... — C'est un gaillard ! Peste !

— Bref, il est célibataire !...
— Tout ce qu'il y a au monde de plus célibataire... — et j'ose dire qu'il a raison...
— Et c'est bien monsieur de la Boisière que je viens de voir sortir de son hôtel en carrosse...
— C'est lui-même, oh ! parfaitement lui, avec des dames... avec trois dames...

Le suisse appuya ses doigts sur sa bouche — et fit le geste d'envoyer un baiser.

— Des cœurs ! — ajouta-t-il, — des vrais cœurs !... ah ! ! ! saperlotte, c'est gentil ces petites poules-là !... — Mon maître est un homme qui s'y connaît !...

Lascars en savait assez. — Il ne jugea point utile de pousser plus avant un interrogatoire désormais sans but et, très satisfait de ce qu'il venait d'apprendre, il quitta l'hôtel de Philippe Talbot.

Il était en ce moment huit heures du soir.

— Impossible de retourner aujourd'hui là-bas... — se dit le baron ; — que diable vais-je faire de ma nuit ?

— Soupons d'abord... — se répondit-il, nous verrons ensuite...

Il prit un fiacre et se fit conduire rue saint-Honoré, au cabaret du *Chariot d'Or*, taverne célèbre mise à la mode parmi les viveurs du dix-huitième siècle par la perfection de sa cuisine et l'excellence de ses vieux vins de Bourgogne. — Le Chariot-d'Or était à cette époque ce que sont aujourd'hui les restaurants du Café-Anglais et des Frères-Provençaux, seulement il fallait traverser *la rôtisserie* pour arriver aux deux vastes salles garnies de petites tables de marbre destinées aux consommateurs !... — Personne n'accordait la moindre attention à ce détail... Les gentilshommes et les riches gourmands affluaient. Ceci nous paraît démontrer de façon victorieuse que nos grands-pères attachaient infiniment moins d'importance au fond qu'à la forme, et nous croyons qu'ils avaient raison...

Lascars venait à peine de s'installer et de commander pour son souper un macaroni à la milanaise, un perdreau truffé et des écrevisses du Rhin au vin blanc, lorsqu'il s'aperçut, non sans une vague inquiétude, que deux jeunes gens, assis en compagnie d'un troisième personnage à une petite table peu éloignée de la sienne, le regardaient avec une persistance et une curiosité singulières.

Pour un homme dans la position de Lascars, les moindres incidents sont suspects et tous les inconnus semblent des huissiers et des recors.

Le baron se rassura cependant après quelques secondes d'examen attentif. — Les deux jeunes gens, vêtus avec une élégance pleine de richesse et de distinction, ne pouvaient appartenir à la troupe famélique des alguazils de la procédure et du papier timbré. — Leurs figures charmantes, mais pâles et amaigries, leurs yeux entourés d'un cercle de bistre, trahissaient les fatigues d'une vie de plaisir à outrance... — Ils avaient des talons rouges et portaient l'épée.

Lascars ignorait les noms de ces adolescents, mais il se souvint de les avoir vus plus d'une fois autour des tapis verts, tantôt rayonnants de joie dans le gain, tantôt anéantis et comme foudroyés par la perte.

Le troisième convive était un homme d'une cinquantaine d'années, de mine et de tournure provinciales. — Son visage large et fortement coloré exprimait en même temps une extrême naïveté, pour ne pas dire plus, et le parfait contentement d'un homme convaincu de son importance.

Comme tous les coquins adroits bronzés au feu des enfers parisiens, Lascars avait le droit de se dire excellent physionomiste.

— Où je me trompe fort, — murmura-t-il, — ou voilà un pigeon dodu et bien en chair entre deux émerillons qui se disposent à le plumer comme il faut... — Mais pourquoi diable ces jeunes oiseaux de proie me regardent-ils ainsi ?...

Le mot de l'énigme ne se fit pas longtemps attendre.

L'un des adolescents se leva et, s'approchant de la petite table à laquelle était assis notre héros, qu'il salua d'un air de profond respect, il lui demanda à demi-voix de manière à ne point attirer l'attention des voisins :

— C'est bien à monsieur le baron de Lascars que j'ai l'honneur de parler ?...

— A lui-même... — répondit Roland.

Le jeune homme salua de nouveau, et reprit :

— Je suis le chevalier de la Morlière... — peut-être monsieur le baron me reconnaît-il... — j'ai eu l'honneur de me rencontrer souvent avec lui chez Cydalise et ailleurs.

— Je m'en souviens à merveille ; — répliqua Lascars — le visage de monsieur le chevalier est de ceux qu'on ne saurait oublier... — Mais ceci ne m'explique guère...

Il s'interrompit.

— Comment et pourquoi je me permets d'aborder ainsi monsieur le baron, sans avoir eu le bonheur de lui être présenté ? — acheva le jeune homme.

Lascars fit un signe affirmatif.

— Je vais avoir l'honneur de l'apprendre à monsieur le baron, si monsieur le baron veut bien m'accorder un instant d'audience... — continua La Morlière.

— Je suis à vos ordres, monsieur... — dit Roland dont ce début piquait vivement la curiosité.

XL

LE CHEVALIER DE LA MORLIÈRE

Le chevalier prit une chaise et s'assit à côté de Lascars, de manière à tourner le dos au public du Chariot-d'Or, et à s'isoler autant que possible avec son interlocuteur.

Ces dispositions prises, il hésita pendant la moitié d'une seconde sur la manière dont il entamerait l'entretien.

— Eh bien ! monsieur le chevalier, demanda Roland, que diable attendez-vous ? Il s'agit donc de choses bien difficiles à dire ?...

— Extrêmement difficiles, monsieur le baron, j'en conviens...

— On tourne sans peine les difficultés les plus graves, quand on a de l'esprit, et je vous crois, sous ce rapport, très amplement pourvu...

— Monsieur le baron m'encourage !... — Je vais donc aller droit au but, et la franchise de mon début me vaudra sans doute un coup d'épée, ou la confiance immédiate de monsieur le baron...

— Un coup d'épée, ou ma confiance !... — répéta Roland en souriant.

— Mon Dieu, oui... — Il n'y a pas de milieu...

— Ceci est un logogriphe...

— Dont voici le mot : — En compagnie d'un mien cousin, cadet de famille comme moi, et chevalier de Barsac comme je suis chevalier de la Morlière, je débute de mon mieux dans la carrière où monsieur le baron s'est illustré, et j'ai l'ambition légitime, sinon de m'élever jamais aussi haut que lui, du moins de marcher quelque jour sur ses traces glorieuses...

— Ah ça ! de quelle carrière parlez-vous ? — interrompit Roland.

— De celle qui rend le genre humain tout entier tributaire d'un adroit génie ; — répliqua La Morlière avec feu. — De celle qui permet à un habile homme de mettre amplement à contribution la naïveté de ses contemporains ; — de celle enfin du joueur heureux à coup sûr, capable d'enchaîner la fortune et de contraindre l'inconstante déesse à lui rester fidèle ! de par le roi de pique et la dame de cœur.

Lascars devint pourpre ; — ses sourcils se contractèrent ; — des éclairs jaillirent de ses yeux, et sa main droite se posa machinalement sur la garde de son épée.

— Monsieur — murmura-t-il d'une voix sourde — vous me rendrez raison de cette mortelle injure !...

La Morlière s'inclina et répondit :

— Je serai toujours très heureux et très fier de me tenir à la disposition de monsieur le baron... — mais j'ai dans l'idée que ce duel n'aura pas lieu, et que loin de me gratifier d'un coup d'épée, monsieur le baron, tout à l'heure, m'accordera sa confiance, me tendra la main, et me reconnaîtra pour son élève, si toutefois il veut bien consentir à m'écouter jusqu'au bout...

— Avez-vous donc à m'adresser quelque nouvelle injure ? — fit Lascars d'un ton menaçant et railleur.

— Un gentilhomme injurie-t-il un autre gentilhomme, lorsqu'il lui propose dix mille écus ?... — répliqua La Morlière avec une fierté superbe.

— Dix mille écus ?... — répéta Roland ébloui par ce chiffre.

— Tout autant, monsieur le baron... et peut-être bien davantage... — De crainte d'être taxé par vous d'exagération, j'ai mis les choses au plus bas, mais cela peut monter très haut...

Déjà le front de Lascars s'était éclairci. — Ses yeux brillaient encore, mais c'était la convoitise et non point la colère qui leur donnait cet éclat. — Ses lèvres ne menaçaient plus, elles souriaient ; — enfin sa main s'était éloignée de la garde de son épée.

Le chevalier de la Morlière se disait, et non sans raison, qu'il venait de gagner sa cause.

— Chevalier — demanda Lascars — parlez-vous sérieusement ?...

— Je supplie monsieur le baron de n'en pas douter...

— Alors, expliquez-vous au plus vite...

— Peu de mots me suffiront... — Monsieur le baron veut-il tourner ses yeux vers la table que j'ai quittée tout à l'heure ?

— C'est fait.

— Monsieur le baron voit deux personnes ?...

— Oui, — un jeune homme de bonne mine, dont la figure ne m'est pas inconnue, et une espèce de provincial qui me paraît un lourd et suffisant personnage...

— Le jeune homme est mon cousin, le chevalier de Barsac, — poursuivit La Morlière, — quant au provincial, si bien jugé par monsieur le baron, c'est un véritable sac de bêtise et d'écus... — Il est riche autant qu'il est sot, ce n'est pas peu dire...

— Continuez, de grâce, chevalier, je vous écoute avec intérêt.

— Monsieur le baron me comble et je m'empresse de lui obéir... — Ce brave homme s'appelle Bonamy... il est de ma province... — Il a fait, dans le commerce, une grosse fortune ; mais, aussi incapable de s'en contenter que de la dépenser noblement, il veut l'augmenter et il s'est mis en tête d'obtenir dans les ministères le monopole de je ne sais quelles fournitures très importantes, qui lui rapporteraient, paraît-il, d'immenses bénéfices...

— Je comprends ! murmura Lascars — Il y a, comme cela, des gens insatiables, que tous les trésors du monde ne satisferaient point !

— Bonamy est de ces gens-là ; — continua La Morlière. — Il est venu à Paris dans le but unique de solliciter et, comme il donne volontiers un œuf s'il se croit certain de recevoir un bœuf en échange, il s'est lesté de billets de banque et de bons au porteur, qu'il compte distribuer dans les bureaux sous forme de pots-de-vin, pour aplanir le chemin de ses ambitions... — La somme est considérable... — elle dépasse certainement cent mille livres...

Les narines de Lascars se dilatèrent comme les naseaux d'un chien de chasse qui flaire le gibier.

— Le hasard, ou plutôt notre bonne étoile, à mon cousin Barsac et à moi, — reprit La Morlière, — nous ont fait rencontrer Bonamy au moment de son arrivée, il y a deux jours... — Il nous a reconnus pour des compatriotes, nous nous sommes chaudement emparés de lui, et nous le promenons, depuis lors, de plaisirs en plaisirs, aux dépens de notre bourse mal garnie, en attendant le moment heureux où nous lui ferons payer, une fois pour toutes, les frais de la guerre. — C'est ici, monsieur le baron, que la situation va prendre à vos yeux un véritable intérêt. — L'ardeur ne nous manque point, l'intelligence non plus, je l'espère, mais nous sommes encore jeunes, et l'expérience nous fait défaut... Bref, notre situation est celle de pêcheurs novices sentant frétiller au bout de leur hameçon un poisson gigantesque et n'osant le tirer à eux de peur de voir la ligne se rompre, et une si belle proie leur échapper.

Lascars, trouvant la comparaison juste et l'image heureuse, ne put s'empêcher de sourire.

— Bonamy est joueur comme les cartes, — continua le chevalier; — il se prétend le plus habile homme du monde et parle sans cesse et vaniteusement de sa force incomparable à tous les jeux. — Or, comme il est orgueilleux plus encore qu'il n'est avare, je le crois parfaitement capable de s'entêter dans la déveine et de perdre jusqu'à ses chausses après avoir perdu son argent... — Voilà le personnage en trois mots...

— Je le connais maintenant aussi bien que vous... — interrompit Roland.

La Morlière poursuivit :

— Nous nous disions, mon cousin et moi : — Notre chance serait sans égale, si Mercure, le dieu des habiles, nous envoyait, en cette circonstance délicate, quelqu'un de ces grands génies que rien n'embarrasse et pour qui les obstacles n'existent pas !... — Nous nous disions cela sans cesse et nous le répétions encore en arrivant ici tout à l'heure... — Soudain, monsieur le baron, vous êtes entré ! — Le dieu nous exauçait ! l'homme de génie était devant nous ! — Un regard échangé entre Barsac et moi, nous révéla que nous pensions exactement de même... — Alors j'ai quitté la table sans hésiter, et je suis venu franchement à vous... — ai-je bien fait?

— Vous avez bien fait... — répondit Lascars. — Qu'attendez-vous de moi ?

— Votre coopération... — vous êtes un pêcheur émérite... — tirez de l'eau le poisson superbe que nous avons peur de manquer...

— Quelle sera ma part après le succès ?

— Vous la ferez vous-même... — Nous serons trop heureux de nous en rapporter aveuglement à vous...

— Vous dites que le provincial a sur lui cent mille livres ?

— Oui, monsieur le baron, cent mille livres au moins...

— Nous sommes trois... — je me contenterai du tiers...

— Ah ! monsieur le baron, que de bonté !... — quelle discrétion !...

— Je vous préviens seulement qu'il faut agir cette nuit même, — reprit Lascars ; — j'ai l'intention de quitter Paris demain matin, au point du jour...

— Agissons sur le champ... — le plus tôt sera le mieux.

— Pour commencer, je vais faire joindre mon dîner au vôtre...

— Monsieur le baron, Barsac et moi nous avons l'honneur de vous inviter.

— J'accepte. — Surtout, ne ménagez pas les vins capiteux...

— Nous les ménagerons d'autant moins que Bonamy est un gaillard à tête solide, et qu'il viderait une futaille de vin de Bordeaux sans broncher...

— Ayez soin de l'amener par gradations insensibles, grâce au Madère, au Xérès et au Champagne, à cet état d'excitation quasi fébrile qui n'est plus le sang-froid, mais qui n'est pas encore l'ivresse...

— Nous ferons ce qu'il faudra pour y réussir... et nous y réussirons...

— Ne manquez point, pendant le repas, de me donner comme un beau joueur, comme un homme très fort à tous les jeux... — Piquez au vif l'amour-propre de Bonamy en parlant avec enthousiasme de mon mérite, que vous semblerez croire au moins égal au sien...

— Monsieur le baron, ce sera fait et bien fait...

— En quel endroit les parties auront-elles lieu?

— Chez moi, si le vous voulez bien, quoique mon logis soit modeste...

— Où demeurez-vous, chevalier?

— Tout près d'ici... rue des Bons-Enfants...

— Y a-t-il des cartes, chez vous?

— En quantité, monsieur le baron... — cartes neuves... cartes biseautées... cartes de toutes sortes... rien ne manque... Songez donc que mon cousin de Barsac et moi nous consacrons la moitié de nos nuits à des études préparatoires et spéciales...

— Bravo, jeunes gens! — répliqua Lascars; — avec ce beau zèle et ces travaux consciencieux, vous arriverez, j'en réponds! Maintenant, rejoignez vos convives et annoncez-moi... — Je vous rejoins.

XLI

LES OISEAUX DE PROIE

— Je serais en vérité bien sot de ne pas croire à l'influence de ma bonne étoile!... — se dit le baron, tandis que La Morlière allait reprendre sa place à table auprès du chevalier de Barsac et de Bonamy et faisait ajouter un couvert pour le nouveau convive. — Jamais influence ne fut plus visible et plus incontestable!... — Tout semble prendre à tâche de me favoriser!.... — Au moment où, par une chance inouïe, l'occasion se présente de relever ma fortune, une seule chose me manquait — l'argent, pour exécuter avec hardiesse le plan que j'ai conçu, et mettre de mon côté toutes les chances... — Et voici que ces bons jeunes gens, comme s'ils avaient pu deviner l'embarras dans lequel j'allais me trouver peut-être, viennent m'offrir ma part d'une aubaine qu'ils pouvaient si bien garder entièrement pour eux... — Ceci m'annonce un succès certain!... — Bientôt je pourrai dire au Moulin-Noir un éternel adieu et je me vois déjà millionnaire...

— Mon cher Bonamy, — disait en même temps La Morlière au riche provincial, — vous allez me devoir une reconnaissance infinie, car je suis au moment de vous rendre un signalé service.

— Un service, monsieur le vicomte... s'écria Bonamy.

— De premier ordre.

— Ma foi, je l'accepte d'avance... moi, d'abord, j'accepte toujours... m'est avis que celui qui refuse un bon office n'est ni plus ni moins qu'une bête.

— Ah! mon cher Bonamy, vous avez grandement raison!... Voici de quoi il s'agit... Savez-vous bien quel est ce gentilhomme avec lequel je viens de causer?...

— Ah! pour ce qui est de ça, nenni... Mais, quand vous me l'aurez appris, je le saurai, la chose est certaine...

— Ce gentilhomme, — reprit La Morlière, — est le baron de Lascars, un riche seigneur, très bien en cour, faisant la pluie et le beau temps dans les ministères, et n'ayant qu'un mot à dire pour vous faire concéder, haut la main, les fournitures qui sont l'objet de votre ambition.

Le visage du naïf provincial s'empourpra.

— Ah! le digne seigneur!... murmura-t-il; — il peut compter, s'il fait cela, sur un bien beau pot de vin.

— Mordieu, voulez-vous vous taire!... s'écria le chevalier en mettant sa main sur la bouche du provincial; — ces paroles imprudentes suffiraient pour tout perdre!...

— Tout perdre!... — quoi? comment? qu'ai-je dit? — demanda Bonamy notablement effaré; — j'ai parlé de pot de vin, ce me semble, ce qui n'a jamais rien perdu, au contraire...

— En règle générale, vous avez raison, je vous l'accorde, mais le baron de Lascars est d'une autre trempe que les gens auxquels vous avez habituellement affaire... Très riche, je vous l'ai déjà dit, et d'un désintéressement qui passe l'imagination, le baron regarderait comme une mortelle injure toute offre d'argent, cette offre fût-elle d'un million.

— Ah! cela est beau !... — murmura d'une voix dolente Bonamy confus, cela est même trop beau !

— Pourquoi trop beau ?

— Un homme si rigide est inabordable... — De quelle façon m'y prendre pour obtenir qu'il s'intéresse à moi et qu'il m'accorde sa protection ?

— Mon Dieu, rien n'est plus simple...

— Ah ! bah !

— Il ne s'agit que de lui plaire...

— Lui plaire !... c'est bientôt dit, mais comment ?... — il ne me connaît pas...

— Il vous connaîtra tout à l'heure, et voilà justement le signalé service que je vais vous rendre... — Je viens d'inviter le baron de Lascars à dîner avec nous...

— A-t-il accepté ? demanda Bonamy en proie à une forte émotion.

— Mais, certainement... — Le baron nous honore, mon cousin et moi, d'une bienveillance toute particulière.

— Et vous me présenterez à ce seigneur illustre, monsieur le chevalier ?

— Je n'aurai garde d'y manquer... — le reste vous regardera... — Vous avez plus de tact et plus d'esprit qu'il n'en faut, mon cher Bonamy, pour mener à bien sa conquête... — Vous lui plairez, je n'en doute pas, et peut-être vous admettra-t-il, dès ce soir, à l'honneur de faire sa partie...

— Monsieur le baron de Lascars aime les cartes ?...
— Il est le plus beau joueur de Paris.
— Eh bien ! si nous jouons ensemble, il pourra se flatter d'avoir trouvé son homme.
— Je doute un peu, s'il faut parler franc, que vous soyez de force à lutter contre lui.
— Je suis de force à lutter contre tout le monde... répliqua le provincial en se rengorgeant, faites seulement que l'occasion se présente, et je saurai le prouver.
— Silence ! voici le baron.

Lascars, en effet, venait de quitter sa place, et se dirigeait vers les trois personnages qui se levèrent vivement à son approche en témoignage d'extrême déférence. — Bonamy surtout se confondit en courbettes et en révérences, auxquelles le baron répondit avec une aménité parfaite et une courtoisie bienveillante qui semblèrent au provincial du plus heureux augure.

On se mit à table.

Une sorte de contrainte régna d'abord parmi les convives. — La Morlière et Barsac reconnaissaient la supériorité de Lascars, et gardaient en face de lui l'attitude d'écoliers devant leur maître ; — de son côté Bonamy, quoi qu'il en eût, se sentait quelque peu intimidé par le voisinage d'un personnage si considérable, et qui n'avait qu'un mot à dire pour le faire arriver au comble de ses vœux.

Cette contrainte passagère, inévitable en de telles circonstances, fut d'ailleurs de courte durée.

Lascars, bon prince autant qu'homme d'esprit, mit bien vite tout le monde à son aise et tourna complètement la tête de Bonamy, ce qui, soit dit entre parenthèses, n'était pas difficile.

Peu à peu la conversation devint générale et s'anima. Les vins d'Espagne et de Bourgogne triomphèrent de l'embarras du provincial. — Le repas fut d'une gaieté folle et se prolongea longuement.

Au dessert, Bonamy ne se connaissait plus. — Il venait d'obtenir de Lascars une promesse positive. — Le baron consentait à le patroner, et à appuyer de tout son crédit les demandes qu'il se proposait d'adresser au ministre ; — il daignait en outre se mesurer immédiatement avec lui; en d'autres termes, ainsi que l'avait donné à entendre La Morlière, il l'*admettait à l'honneur de faire sa partie.*

Il était près de minuit lorsque nos quatre personnages quittèrent le cabaret du *Chariot-d'Or* et prirent pédestrement le chemin de la rue des Bons-Enfants.

Les deux cousins soutenaient avec une complaisance infatigable la marche légèrement titubante de Bonamy, que les fumées de la vanité et de l'ambition grisaient beaucoup plus que celles du vin.

Le chevalier de La Morlière occupait un petit appartement au troisième d'un de ces hôtels aristocratiques, très nombreux jadis dans les rues rapprochées du Palais Royal, et dont quelques-uns existent encore aujourd'hui, appropriés au besoin du commerce et de l'industrie.

Un grand valet de mine patibulaire, vêtu d'une livrée dont les galons manquaient de fraîcheur, jouait aux cartes avec *le suisse* dans la loge de ce dernier. C'était le laquais de La Morlière.

En voyant que son maître ne rentrait pas seul, il prit un flambeau, traversa la cour et gravit rapidement les marches de l'escalier afin de mettre en un tour de main quelque peu d'ordre dans l'appartement et d'allumer les bougies des candélabres.

— Champagne, — dit La Morlière à son valet, — préparez une table de jeu et faites du punch...

— Mon cher Bonamy, — ajouta-t-il en s'adressant au provincial qu'il venait d'installer sur un sopha, — reposez-vous, mais ne vous endormez pas... nous sommes à vous dans une minute... Barsac va vous tenir compagnie.

Tout en disant ce qui précède, La Morlière prenait le bras de Lascars et l'introduisait dans la chambre à coucher voisine du salon.

Le principal ornement de cette pièce presque nue consistait en plusieurs trophées, fixés aux murailles et composés de fleurets de toutes dimensions, mouchetés et démouchetés, et d'épées de toutes les formes et de toutes les provenances.

— S'il faut en croire ces trophées, — dit Lascars en souriant, — vous êtes, mon cher chevalier, un amateur passionné de l'escrime.

— L'escrime est la reine des sciences !... répliqua La Morlière avec feu — et je la préfère à tout au monde, même au jeu, même au vin, même aux femmes !

— Peste ! c'est de l'adoration !

— Certes, monsieur le baron, le mot n'a rien d'exagéré.

— Vous avez pratiqué beaucoup, sans doute ?

— Oh ! mon Dieu, depuis mon enfance ! Je n'avais pas dix ans quand mon père, un digne gentilhomme, me mit un fleuret dans la main.

— Avez-vous, depuis lors, hanté les salles d'armes ?

— J'en suis sorti le moins possible.

— Mais, à ce compte, vous devez être très-fort ?

— Je ne ferai point avec vous de fausse modestie, monsieur le baron ; je suis tout bonnement de première force. Il n'existe pas, à Paris, de tireur en renom que je ne me fasse fort de boutonner sans la moindre peine.

— Vraiment, c'est à ce point-là !...

— Vous plaît-il en juger par vous-même ?

— Bonamy nous attend.

— Oh ! la dixième partie d'une seconde suffira pour l'expérience.

La Morlière, tout en parlant, décrocha deux fleurets mouchetés. — Il présenta l'un deux à Lascars, se mit en garde et croisa le fer.

— Je toucherai M. le baron à la seconde passe, dit-il.

— Ah ! par exemple, je vous en défie.

— Ne pariez pas, monsieur le baron.

Lascars, piqué au jeu, se garda bien de se découvrir et appela à son aide toutes les ressources de son expérience. — Rien n'y fit. — Dès la seconde passe, le fleuret du chevalier le touchait en pleine poitrine.

— Mort de ma vie ! murmura-t-il, vous aviez, ma foi, raison !

— Vous voyez, M. le baron — reprit La Morlière en rattachant les fleurets, — vous voyez que quiconque veut se battre avec moi doit faire à l'avance son testament.

— C'est décidément une bonne connaissance que celle du chevalier, — pensa Lascars, — je commence à croire qu'elle me rapportera beaucoup.

La Morlière ouvrit un tiroir. Il en tira des jeux de cartes en grand nombre, et il dit, en les étalant devant son hôte :

— Voici des armes d'un autre genre... et ces armes-là, monsieur le baron, vous savez mieux que moi vous en servir...

Lascars examina avec une attention profonde les cartes biseautées mises sous ses yeux. — Il choisit, parmi la quantité, deux paquets ; il plaça l'un de ces paquets dans sa poche, il fit glisser l'autre dans sa manche, et il reprit :

— Nous sommes en mesure, allons retrouver notre homme.

Bonamy n'avait point quitté le sopha sur lequel il était assis. — Il résistait de tout son pouvoir au sommeil accablant qui s'emparait de lui, et il ouvrait les yeux de toutes ses forces, comme des yeux de basilic, pour les empêcher de se fermer.

Deux candélabres fortement oxidés, garnis chacun de trois bougies, brûlaient sur la table de jeu placée au milieu du salon.

Dans l'un des angles de la pièce le valet Champagne, une longue cuillère à la main, faisait flamboyer un punch monstre.

— A vos ordres, monsieur Bonamy... dit Lascars.

Le provincial se leva d'un bond.

— Ah ! monsieur le baron, s'écria-t-il, c'est moi qui suis aux vôtres.

Les deux adversaires prirent place en face l'un de l'autre.

— Quel est votre enjeu ? — demanda Roland.

— Le vôtre, monsieur le baron.

— Vingt-cinq louis, alors ? cela vous convient-il ?

— Tout à fait, monsieur le baron, tout à fait.

— Tenez-vous bien, monsieur Bonamy, continua Lascars en riant.

— Ah ! monsieur le baron, je ferai de mon mieux.

— Je vous préviens que je suis très-fort.

— Et de mon côté je me flatte, monsieur le baron, d'y entendre quelque chose aussi...

Le jeu s'engagea.

Le provincial gagna glorieusement les quatre premières parties, après une défense énergique et savante de Lascars. — Il rayonnait ; — sa personne entière se gonflait d'orgueil ; — les transports de sa joie lui faisaient monter le sang au visage avec une telle violence qu'il ressemblait à un homme que l'apoplexie va foudroyer.

— Peste ! monsieur Bonamy, murmura Roland, il ne fait pas bon de se frotter à vous ! Tudieu !... quel homme terrible vous êtes !... Si je n'avais ma réputation à sauver, j'abandonnerais la partie à l'instant même.

— Ah ! monsieur le baron, — murmura le provincial presque aussi confus que joyeux, — je vous supplie très-humblement de n'en rien faire... — la chance tournera.

— Messieurs, dit en ce moment La Morlière, voici du punch.

Bonamy vida son verre deux fois de suite. — Lascars ne fit que tremper ses lèvres dans le sien.

Aussitôt après, la partie recommença et, ainsi que venait de l'annoncer le provincial, qui certes ne se croyait pas si bon prophète, la chance en effet tourna subitement.

Chacun connaît les alternatives d'espoir et de découragement par lesquels un grec adroit fait passer la dupe qu'il est en train de dévaliser. — Bonamy subit la loi commune. Il se raidit avec un entêtement de mulet contre ce qu'il appelait sa mauvaise veine et, à mesure que Lascars lui gagnait de plus fortes sommes, il demandait lui-même à doubler, à tripler, à quadrupler son enjeu, espérant ainsi se rattraper plus vite.

Le résultat de ce système fut qu'au point du jour les

quatre-vingt-dix mille livres contenues dans son portefeuille avaient changé de propriétaire, et le malheureux Bonamy ne possédait plus un sou de la grosse somme apportée par lui à Paris.

— Monsieur le baron, — dit-il alors, — je suis momentanément à sec, mais je possède de grands biens dans mon pays, ces messieurs peuvent l'affirmer... — Vous plaît-il continuer à jouer contre moi, et vous contenter de ma parole?

— Cher monsieur, — répliqua Lascars, — vous êtes le plus beau joueur que je sache, et je ne me pardonnerais pas d'abuser de ma bonne chance pour vous dépouiller... — Certes, je vous dois une revanche et je vous la donnerai... — je vous en donnerai même dix, au besoin, de bien grand cœur, mais un peu plus tard, lorsque la veine aura changé ! — Je quitte Paris dans une heure pour un voyage de quelques mois... — Aussitôt après mon retour, venez me trouver; je m'estimerai très-heureux de me mettre, comme cette nuit, tout à fait à vos ordres.

Bonamy devint d'une pâleur mortelle et chancela sur sa chaise.

Tandis que ses billets de banque et ses bons au porteur se vaporisaient, une espérance l'avait soutenu, ranimé, réconforté... — Il s'était dit qu'en perdant un argent destiné à s'éparpiller sous forme d'*arguments ad hominem* dans les mains des commis, il ne perdait en réalité que fort peu de chose, puisque la protection gratuite du baron devait, mieux que tous les pots-de-vin du monde, le conduire au but convoité.

Or, voici que les paroles de Lascars, et l'annonce de son départ immédiat, réduisaient à néant cet espoir !...

— Le provincial avait donc sacrifié près de cent

mille livres et ne devait plus compter sur rien!...
En ce moment une lueur tardive se fit dans son esprit. — Il comprit vaguement qu'il venait d'être dupe de trois aigrefins. L'ivresse qui fermentait au fond de son cerveau et qu'assoupissait l'ardeur du jeu, se réveilla soudain, s'empara de lui, le domina et le rendit incapable de toute prudence... Il exhala sa colère en cris impuissants, en vaines menaces, en accusations, en injures, vociférés d'une voix haletante, en termes plus énergiques que choisis.

Lascars, La Morlière et Barsac se regardèrent, échangèrent un sourire, puis le chevalier sonna son laquais qui dormait dans l'antichambre.

— Champagne, — lui dit-il, — tu vois bien ce vilain homme qui peste, qui crie et qui jure...

— Oui, monsieur le chevalier.

— Eh! bien, charge-le sur tes épaules et porte-le tout de ce pas dans la rue où tu le laisseras cuver son vin... — Fais vite, mon garçon, fais vite!... le maraud nous importune!

Puis il ajouta tout bas, à l'oreille du valet frémissant de joie :

— Quand tu remonteras, je te payerai l'arriéré de tes gages...

Une promesse si encourageante et, disons-le, si peu prévue, doubla les forces du valet et décupla son ardeur.

Il saisit Bonamy à bras le corps, il le souleva de terre et il l'emporta, malgré sa résistance enragée et ses clameurs retentissantes.

— Monsieur le baron, — dit alors La Morlière, — le pigeon est plumé...

— Mais il a crié... — répliqua Lascars.

XLII

MADAME AUDOIN

Un éclat de rire des trois complices accueillit cet échange de cyniques métaphores.

— Mes chers amis, reprit le baron après cet accès de gaieté franche — maintenant, s'il vous plaît, procédons au partage.

Ce partage était assurément la chose que les deux cousins désiraient le plus.

Roland fit trois parts de l'argent gagné. — La somme totale, nous l'avons dit, était de quatre-vingt-dix mille livres... — chacun des oiseaux de proie en toucha trente mille.

Jamais La Morlière et Barsac n'avaient eu tant d'argent en poche... — c'est à peine s'ils pouvaient en croire leurs yeux. — Ils se livraient à mille folies et couvraient de baisers les précieux chiffons, comme fait un amant des lettres de sa maîtresse.

— Monsieur le baron, s'écria La Morlière dans un élan de reconnaissance — je vous dois ma fortune !...

— Ces trente mille livres vont si bien fructifier entre mes mains que je veux me voir millionnaire avant six mois !... — je n'oublierai jamais vos procédés de cette nuit à notre égard... — en toute occasion, je vous en supplie, faites état de moi comme d'un homme absolument à vous...

— Je vous en dis autant pour mon compte, monsieur le baron, — appuya le chevalier de Barsac.

— Eh ! messieurs — répliqua Lascars, — vous me rendez confus !... — le service que j'ai pu vous rendre était peu de chose ! — vienne l'occasion de recommencer et vous me trouverez tout prêt...

Six heures du matin allaient sonner. — Un jour blafard faisait pâlir la lueur des bougies expirantes. — Le baron prit congé des deux cousins, et, les poches beaucoup mieux garnies qu'au moment de son arrivée à Paris la veille au soir, il se dirigea, à travers les rues désertes, vers le bureau des voitures de Saint-Germain.

Deux heures plus tard il mettait pied à terre à l'entrée de Bougival, il rejoignait l'endroit où il avait amarré son bateau le jour précédent, et regagnait le Moulin-Noir.

Sauvageon, dont la convalescence faisait des progrès rapides, l'accueillit avec les démonstrations d'une joie si vive que Lascars se dit :

— Est-ce que véritablement ce drôle me serait attaché ? — C'est possible, après tout, mais néanmoins la chose est bien invraisemblable...

Une demi-journée de sommeil répara les fatigues d'une nuit de jeu et, quand vint le soir, le baron parfaitement reposé traversa de nouveau la Seine pour se rendre à la maisonnette du Bas-Prunet. — Il était décidé à ne pas retarder plus longtemps sa déclaration formelle et à demander, séance tenante, la main de Pauline Talbot.

Quant à l'obtenir, ceci, pour lui, ne faisait point question.

Au moment où il allait frapper à la porte du petit jardin, cette porte tourna sur ses gonds, comme si quelqu'un placé derrière elle avait attendu pour l'ouvrir qu'un faible bruit de pas trahît l'approche du visiteur.

— C'est Pauline... — pensa Lascars. — Quelle impatience !...

Il se trompait...

A peine eut-il franchi le seuil qu'il se vit en face de la placide et loyale figure de madame Audouin. — Une nuance d'embarras, et même de tristesse, s'étendait sur ce visage un peu vulgaire, mais dont le regard et le sourire exprimaient la franchise et le dévouement.

Madame Audouin était seule.

Cette solitude inquiéta Lascars, d'autant plus que la bonne dame, voyant qu'il se disposait à prendre la parole, fit un geste expressif pour l'engager à garder le silence.

Le baron se pencha vers elle et lui dit tout bas :

— J'espère, madame, qu'il n'est rien arrivé de fâcheux à mademoiselle Talbot?...

— Rien absolument... — répondit madame Audouin du même ton — seulement je désire que Pauline ignore votre présence ici...

— Pourquoi donc !...

— Parce que je voudrais avoir avec vous un entretien particulier...

L'inquiétude de Lascars était dissipée. — Une surprise extrême la remplaçait. — Il se demandait en vain quel genre de confidences ou de questions la gouvernante de mademoiselle Talbot pouvait avoir à lui adresser.

— Madame — murmura-t-il, — je suis à vos ordres.

— Suivez-moi, je vous en prie, monsieur — reprit madame Audouin — et tâchez de ne pas faire crier le sable sous vos pieds...

En même temps la bonne dame se dirigeait vers une tonnelle de verdure située à l'extrémité du jardin.

Lascars, en passant devant la fenêtre encadrée de liserons et de volubilis, jeta un regard sur l'intérieur faiblement éclairé de la maisonnette.

Après avoir parcouru un espace d'environ cinquante pas, madame Audouin et Roland arrivèrent au berceau de verdure dont nous avons fait mention, et sous lequel se trouvait un banc de bois.

Madame Audouin s'assit et, comme Lascars restait debout, elle lui dit :

— Monsieur le baron, veuillez prendre place à côté de moi... — sans cela nous serions obligés de parler trop haut, Pauline pourrait nous entendre et c'est ce que je désire par-dessus tout éviter.

Lascars se rendit à cette prière.

— Monsieur le baron — continua la bonne dame — je ne suis qu'une pauvre femme bien simple... j'ai à vous entretenir de matières très délicates... je ne le fais point sans crainte et sans embarras, mais, comme vous êtes un homme de grand cœur, j'espère que vous me comprendrez et que vous excuserez ma hardiesse... je réclame cependant d'avance votre indulgence tout entière...

— Vous n'en aurez pas besoin, chère madame

Audouin... — interrompit gracieusement Lascars.

— J'en aurai besoin, monsieur le baron, et plus que vous ne le pensez... — savez-vous pourquoi je viens de vous conduire en ce coin retiré ?... — savez-vous quelle prière je vais vous adresser, à vous que j'aime et que j'honore de toute mon âme, à vous le sauveur de ma chère Pauline ?...

— Non, en vérité, je ne le sais pas... — répondit Roland dont ce début étrange redoublait l'étonnement.

— Eh ! bien, monsieur le baron, poursuivit madame Audouin — cette prière, la voici : — Je vous conjure, à deux genoux, les mains jointes, de ne plus revenir ici...

Cette conclusion inattendue fit bondir Roland sur son siège rustique.

— Vous me fermez la porte de votre maison ! — s'écria-t-il ; — qu'ai-je fait pour mériter cette injure ?...

— Vous n'avez rien fait que de bon et de généreux, monsieur le baron, aussi c'est à votre générosité que je m'adresse... Ecoutez-moi donc sans impatience, car si le devoir qu'il me faut remplir est cruel, vous verrez aussi qu'il est inflexible... — Pauline est orpheline, vous le savez — j'ai remplacé sa mère auprès d'elle depuis son enfance... — je remplace maintenant son pauvre père... — elle n'a que moi dans ce monde et je dois compte de son bonheur à ceux qui ne sont plus... eh ! bien, un grand malheur menace ma chère enfant...

— Un grand malheur !... — répéta Lascars — lequel ?...

— Celui de vous aimer... — vous voyez quelle confiance sans bornes m'inspire la noblesse de votre caractère, puisque je n'hésite point à vous révéler le secret d'un cœur qui s'ignore... — Pauline ne vous aime pas encore, je l'espère, mais, un peu plus tôt ou un peu plus tard, il me semble impossible qu'un fatal amour ne se développe pas à son insu dans sa jeune âme... — Comment en serait-il autrement? — Rien ne vous manque, monsieur le baron, ni la naissance illustre, ni la beauté, ni le courage... — toutes les qualités qui peuvent et qui doivent séduire sont réunies en votre personne... — Comment une pauvre enfant isolée ne se sentirait-elle point irrésistiblement entraînée vers vous?... — hier au soir, vous n'êtes pas venu... — Pauline vous attendait... — elle n'a rien dit... elle n'a pas une seule fois prononcé votre nom — (et c'est cela surtout qui m'a donné l'éveil) — mais j'ai bien vu sa mélancolie croissante à mesure que la soirée s'écoulait... — Je vous le dis avec une conviction douloureuse, elle est au moment de vous aimer! — Prenez pitié de l'orpheline, monsieur le baron!.. — sa vie est assez triste déjà!... — Je suis une vieille femme aujourd'hui... j'ai toujours été pauvre et je n'ai jamais été belle... tout au fond de mon âme il existe cependant un lointain souvenir, douloureux encore malgré le temps écoulé... ah! je sais ce que fait souffrir un amour sans espoir, et j'aimerais mieux mourir que de voir ma Pauline endurer ces tortures!.. — vous avez le droit; et sans doute aussi la volonté, de choisir une compagne parmi les jeunes filles de haute noblesse et de grande fortune... — Pauline est de race bourgeoise et ne possède rien... elle ne saurait être votre femme... — au nom du ciel, ne lui laissez pas le temps de former des rêves irréalisables!.. — qu'elle ne vous revoie jamais!.. — Disparaissez dès aujourd'hui pour ne plus reparaître... — elle vous oubliera, j'en ai la ferme

confiance... — Demain, peut-être, il serait trop tard !..
— voilà ce que j'avais à vous dire, monsieur le baron, voilà ce que j'avais à vous demander. Répondez-moi vite que j'ai bien fait de compter sur vous, et que, pour la seconde fois, vous êtes prêt à sauver Pauline...

Un instant de silence succéda à ces dernières paroles.

— Mon Dieu — balbutia madame Audouin — vous ne répondez pas !...

Lascars prit une de ses mains qu'il serra doucement entre les siennes.

— Chère madame — dit-il, d'une voix qui semblait émue — vous êtes la meilleure des femmes, et vous remplissez dignement les devoirs de mère que vous avez acceptés... — Toutes les délicatesses de votre belle âme, je les admire et je les partage... — mais rassurez-vous, le danger que vous redoutez n'existe pas...

Madame Audouin retira vivement sa main.

— Ah ! — murmura-t-elle avec douleur, — je me trompais, — vous n'avez pas voulu me comprendre.

— Je vous ai compris très-bien, au contraire, chère madame — répliqua Lascars — et c'est vous maintenant qui me comprenez mal... — mais je vous le pardonne de grand cœur ; — vous venez de me rendre bien heureux. — vous venez de me donner un espoir qu'au prix de dix années de ma vie je n'aurais pas cru payer trop cher...

— Un espoir ? — répéta la gouvernante stupéfaite.

— Oui... — le plus précieux de tous !... — celui que votre chère enfant m'aimera peut-être un jour comme je l'aime !...

— Vous l'aimez !... — s'écria madame Audouin.

— De toutes les forces de mon âme... de toutes les puissances de mon cœur, et je suis venu ce soir pour lui dire : Pauline, voulez-vous être ma femme ?...

Madame Audouin essaya de parler ; elle n'y réussit pas ; — l'émotion étranglait sa voix dans sa gorge.

Elle ne put d'abord que saisir les deux mains de Lascars — les couvrir de baisers et les baigner de larmes...

Quelques secondes s'écoulèrent ainsi. — Enfin, peu à peu, l'excellente femme recouvra la parole, et elle balbutia :

— Vous êtes bon comme Dieu lui-même, vous qui ne dédaignez pas d'aimer l'orpheline et de lui tendre une main généreuse !... — Soyez béni par une pauvre femme qui donnerait sa vie pour vous !... — Ah ! j'ai assez vécu, puisqu'avant de mourir j'aurai vu le bonheur de ma fille chérie !..

XLIII

DÉCLARATION.

La scène au début de laquelle nous venons de faire assister nos lecteurs se prolongea plus que ne l'aurait souhaité Lascars ; — l'excellente madame Audouin laissait naïvement déborder son cœur ; — les expressions de sa reconnaissance et de sa joie ne tarissaient pas. — Le gentilhomme l'écoutait avec une secrète impatience, mais un vague respect pour les tendresses infinies de cette maternité volontaire l'empêchait de l'interrompre.

En disant ce qui précède, madame Audouin se dirigeait vers la maisonnette, et marchait d'un pas rapide qu'elle ne cherchait plus à rendre léger.

Lascars la suivait, et malgré lui se sentait ému. — Certes, le misérable gentilhomme que nous mettons en scène devait être incapable de ressentir les nobles ardeurs, les troubles divins d'un amour profond et chaste, mais enfin il était jeune encore et la touchante beauté de Pauline, non plus que cette tendresse ingénue dont avait parlé madame Audouin, ne pouvaient le laisser tout à fait indifférent.

— Décidément — se disait-il — je crois que j'aime cette enfant... — Elle va me rendre riche... — peut-être la rendrai-je heureuse...

La porte n'était qu'à demi fermée. — Madame Audouin l'ouvrit tout à fait et entra dans le cercle lumineux projeté par la lueur de la lampe au-devant de la jeune fille.

Lascars s'arrêta sur le seuil, au milieu des ténèbres extérieures qui l'enveloppaient.

Pauline quitta sa pose rêveuse et, voyant sa gouvernante auprès d'elle, elle lui dit avec un sourire :

— C'est toi, ma bonne Audouin... d'où viens-tu ?...

— Je viens du jardin, chère fille...

— La nuit est sombre, n'est-ce pas ?

— Je n'en sais rien... elle m'a paru belle... — est-ce que tu voudrais sortir ?

— Je ne désire jamais ce qui est impossible, et nous ne pouvons sortir seules...

— C'est vrai... — répondit madame Audouin ; — puis elle reprit, après un silence : — Si monsieur de Lascars était là, il nous accompagnerait...

— Monsieur de Lascars... — répéta Pauline — sans doute il ne reviendra plus...

— Qui te fait supposer cela ?...

— Il n'est pas venu hier... il ne vient pas ce soir... — d'ailleurs c'est une triste société que la nôtre, je le comprends bien, pour un gentilhomme habitué comme lui aux plaisirs bruyants de Paris et de la cour...

— Si monsieur de Lascars ne revient plus, le regretteras-tu ?

— Pourquoi me fais-tu cette question ? tu sais bien

que je ne suis pas ingrate... — je lui dois trop pour l'oublier jamais... — jusqu'au dernier jour de ma vie, en élevant mon âme vers le ciel, je prierai Dieu de le rendre heureux.

Lascars jugea le moment favorable pour se montrer. — Il sortit des ténèbres et il murmura, avec un accent qui, s'il n'était celui de la passion, lui ressemblait du moins beaucoup :

— Pauline... chère Pauline... ce vœu que vous formez pour moi, c'est à vous seule qu'il appartient de le réaliser.

L'apparition inattendue de Lascars fit violemment tressaillir l'orpheline ; — un nuage pourpre couvrit son front et ses joues. — Elle essaya de sourire, et balbutia :

— Vous avez donc entendu ce que je viens de dire ?...

— Oui !... oh oui... — j'ai tout entendu, et je vous remercie Pauline, je vous remercie à genoux...

En prononçant ces derniers mots le baron mettait en effet un genou à terre devant la jeune fille, qui, troublée et confuse, s'écria :

— Que faites-vous ?...

— Ne vous agenouillez-vous pas aux pieds de Dieu dans la prière ?... — répondit Lascars — moi je m'agenouille à vos pieds en vous conjurant de me rendre heureux...

— Vous rendre heureux !... Et comment ?... — quelle influence puis-je avoir sur votre bonheur ?

— Vous pouvez tout, Pauline, et votre influence est sans bornes... — il ne vous faut qu'un mot pour m'ouvrir le ciel ou l'enfer... — pour faire de moi le plus triomphant ou le plus désespéré des hommes... Pauline, je vous aime de toute mon âme !... Voulez-vous accepter mon nom ?... voulez-vous devenir la compagne de ma vie ?...

— Moi... votre femme !... — murmura la jeune fille avec un accent étrange et une voix qui semblait brisée — votre femme... répéta-t-elle.

— Vous le voulez bien, n'est-ce pas ? — reprit Lascars passionnément — Oh ! Pauline... dites-moi que vous consentez...

L'orpheline ne put répondre...

Dans le premier moment de surprise, ou plutôt de stupeur, elle s'était levée à demi. Elle retomba sur le siège qu'elle venait de quitter ; — une pâleur mortelle envahit son visage ; — sa tête se pencha ; — ses yeux se fermèrent ; — elle perdit connaissance...

— Mon Dieu — s'écria Lascars avec un effroi qui n'était pas simulé — mon Dieu, qu'a-t-elle donc ?... — regardez, madame ! — ajouta-t-il en s'adressant à la gouvernante — regardez !... on la croirait morte !... j'ai peur !...

Madame Audouin n'avait pas attendu ces paroles pour s'élancer vers la jeune fille, avec laquelle elle pouvait rivaliser de pâleur, et pour la prendre dans ses bras.

— Eh bien ? — demanda le gentilhomme effaré. — Eh bien ! madame ?...

— Elle est évanouie... — répondit madame Audouin — mais ce ne sera rien, j'en réponds... — je vous avais prévenu... la chère enfant n'est pas forte... — nous avons eu tort tous les deux... — vous, de parler d'une façon si brusque... moi, de vous laisser faire... — Il aurait fallu préparer tout doucement Pauline à entendre ce que vous venez de lui dire... Prise à l'improviste comme elle vient de l'être, elle s'est trouvée sans force pour supporter une telle surprise, une si violente émotion... — Mais, je vous le répète, n'ayez aucune crainte... — son cœur bat... sa respiration est calme... — dans un instant elle reprendra l'usage de ses sens...

— Chère madame Audouin, en êtes-vous certaine?... tout à fait certaine?...

— Est-ce que je peux me tromper quand il s'agit de ma bien-aimée Pauline?...

— Dieu soit béni!... je vais donc revivre!... — il m'a semblé, tout à l'heure, que j'allais tomber foudroyé...

— Monsieur le baron — murmura madame Audouin avec un sourire vraiment maternel — prenez garde!... — Si vous l'aimez autant que je l'aime, vous allez me rendre jalouse... — Et maintenant — ajouta la digne femme après un court silence — je vais vous demander une chose qui vous semblera difficile, mais qu'il faut absolument que vous m'accordiez...

— Quelle que soit cette chose, chère madame, vous pouvez compter sur moi... — je suis prêt à vous obéir.

— Laissez-moi donc seule avec Pauline... — dit madame Audouin.

— Eh quoi! vous exigez que je m'éloigne?... — s'écria Lascars.

— Je n'exige pas, mais je vous en supplie...

— Il m'aurait été si doux d'être là quand se rouvriront ses beaux yeux!...

— C'est justement ce qu'il ne faut pas... votre présence, vous le comprenez, renouvellerait une émotion qui vient d'être funeste... qui pourrait l'être encore...

— Vous avez raison, chère madame Audouin... Je dois me sacrifier et l'hésitation m'est défendue... — mais pourrais-je au moins revenir dans une heure?...

— Vous reviendrez demain matin... — il vaut mieux que Pauline ne nous revoie point aujourd'hui...

— Vous êtes cruelle, chère madame Audouin !... — vous me condamnez à passer toute une éternelle nuit dans l'incertitude, dans l'angoisse, car enfin j'ignore si mademoiselle Talbot daignera me faire l'honneur d'agréer ma demande...

— Confiez-moi vos intérêts, monsieur le baron... — je plaiderai votre cause, et je crois pouvoir vous répondre qu'elle est gagnée d'avance...

— J'obéis, chère madame... je quitte cette maison, mais c'est mon bonheur tout entier, ne l'oubliez pas... c'est plus que mon bonheur, c'est ma vie que vous avez mission de défendre...

Madame Audouin fit un signe de tête qui signifiait clairement :

— Soyez tranquille... je réponds de tout...

Le baron ploya de nouveau le genou devant Pauline.

— Il appuya passionnément ses lèvres sur une des belles mains de la jeune fille, puis, avec l'attitude et le geste d'un homme qui se fait violence, il sortit de la petite chambre et disparut dans les ténèbres du jardin.

— Bravo Lascars !... — se dit-il en traversant la route pour rejoindre son bateau, — bien joué !... la partie est à moi !... — une jolie femme et une splendide fortune, voilà ce que m'envoie mon étoile !... merci, mon étoile !... grand merci !...

§

Madame Audouin ne s'était point trompée en annonçant que l'évanouissement de la jeune fille serait de courte durée.

Lascars venait à peine de quitter la maisonnette

lorsque Pauline fit un mouvement léger, et ses paupières s'entr'ouvrirent, découvrant ses prunelles sombres qui semblaient voilées en ce moment par une vapeur à peine transparente.

Elle promena son regard autour d'elle avec une expression presque craintive ; — elle parut surprise de se trouver seule avec sa gouvernante, et enfin elle murmura, d'une voix très-basse et si faible qu'elle était presque indistincte :

— Ma bonne Audouin, que s'est-il passé tout à l'heure ?...

— Tu ne te souviens pas, ma chère fille ? — demanda la bonne dame un peu étonnée.

— Non, je ne me souviens pas, ou plutôt je me souviens mal... — répondit Pauline, — il y a comme un nuage sur ma pensée...

— Alors, mon enfant, — reprit madame Audouin, — j'ai de bonnes nouvelles à t'apprendre.

— De bonnes nouvelles ?... — répéta l'orpheline, — en es-tu sûre ?...

— Aussi sûre que je le suis de tenir ta main dans les miennes... — le baron de Lascars est venu ce soir ici...

— En effet, il me semble vaguement l'entrevoir... mais, chose bizarre, mes souvenirs confus me le montrent agenouillé devant moi...

— Tes souvenirs ne te trompent pas.

— Comment, — s'écria Pauline, d'une voix soudainement ranimée, — le baron de Lascars était à mes genoux !...

— Oui, ma chère fille...

— Mais, pourquoi ?...

— Parce que cet admirable jeune homme, ce seigneur incomparable, n'a pu te voir sans t'aimer, ce qui est bien naturel, ou plutôt sans t'adorer, car il t'idolâtre, l'expression n'est pas trop forte ! — il avait plié le genou devant toi, comme c'est l'usage lorsque l'amour s'est emparé d'un cœur, et il te suppliait à mains jointes d'accepter sa main, sa fortune et son nom... en un mot de devenir grande dame et baronne de Lascars... — Ceci te fait l'effet d'un rêve, n'est-ce pas, ma chère fille ?... mon Dieu, moi qui te parle, je me mets à ta place et je comprends ta grande surprise, mais, dans tous les cas, si c'est un rêve, c'est un beau rêve !... — qu'en dis-tu ?...

Pauline ne répondit pas.

Elle demeurait muette, immobile ; — son regard était éteint ; — son visage sans expression ; — la vie semblait s'être retirée d'elle tout à coup.

— A te voir, on croirait que tu ne m'écoutes guère, mon enfant !... — reprit madame Audouin, stupéfaite de l'étrange effet qu'elle produisait. — Pourquoi restes-tu comme une statue quand tu devrais être si joyeuse ?... — me suis-je, par hasard, mal expliquée ?... — faut-il te répéter que Roland de Lascars ne vit plus que pour toi, et qu'il demande à te prendre pour femme ?...

— Ah ! j'avais bien entendu !... j'avais bien compris !... — balbutia Pauline dont les traits se détendirent.

En même temps sa poitrine se souleva comme si elle avait été gonflée de sanglots convulsifs ; un gémissement douloureux s'échappa de ses lèvres entr'ouvertes ; — elle jeta ses deux bras autour du cou de madame Audouin avec le geste d'une enfant craintive et désolée qui se réfugie sur le sein maternel, et des ruisseaux de larmes jaillissant de ses yeux, inondèrent ses joues pâles...

XLIV

UNE DÉCISION

— Ah! par exemple! — s'écria madame Audouin dont l'étonnement, ou plutôt dont la stupeur redoublait, et qui se sentait remuée jusqu'au fond de ses entrailles quasi-maternelles par les larmes de Pauline, — en voici bien d'une autre! — Tu pleures, chère enfant! — tu te désoles! tu parais désespérée, quand je croyais si bien t'apporter la joie! — mais qu'y a-t-il donc? d'où vient ton chagrin, et comment ai-je fait pour t'affliger ainsi sans le savoir?...

Pauline suffoquée par les sanglots ne put que murmurer quelques paroles inintelligibles.

— Calme-toi, chère enfant, calme-toi, je t'en supplie, et surtout ne pleure plus! — reprit la gouvernante en pleurant elle-même involontairement, — tu me répondras tout à l'heure...

Au bout de deux ou trois minutes les sanglots de l'orpheline se ralentirent, — ses larmes coulèrent moins pressées, et madame Audouin, dévorée tout à la fois de curiosité et d'inquiétude, se dit qu'elle pouvait la questionner de nouveau.

— Ma Pauline, ma fille bien-aimée, — demanda-t-elle en l'embrassant, — est-ce donc la pensée d'un mariage avec le baron de Lascars qui vient de te jeter dans un si grand trouble et dans un tel émoi?

— Oui, ma bonne Audouin... c'est cette pensée... — murmura l'orpheline.

— Est-il bien possible qu'à mon âge je me sois si complètement abusée? — continua la bonne dame d'un air contrit, — à quoi donc sert d'être vieille? — Je te croyais, à l'endroit du baron, sinon de l'amour, du moins une véritable affection...

— Et tu ne te trompais pas, ma bonne Audouin... répondit Pauline. — Oh! non, — répéta-t-elle — tu ne te trompais pas!...

— Comment! tu aimes M. de Lascars, et tu te désespères lorsqu'il veut t'épouser! sais-tu bien que ceci n'est point naturel...

— J'éprouve pour M. de Lascars une profonde reconnaissance... — je l'aime comme un frère...

Pauline s'interrompit.

— Mais, comme mari, il ne te plaît point? — N'est-il pas vrai? — acheva madame Audouin.

La jeune fille fit un geste affirmatif.

— Voilà qui est bientôt dit! — poursuivit la gouvernante, — seulement pourquoi te déplaît-il? — Voilà une question fort importante... es-tu capable d'y répondre toute seule?

Pauline fit signe que non.

— Nous allons donc chercher ensemble... — continua madame Audouin, — le baron de Lascars est jeune... — sa figure est charmante... — l'élégance de sa tournure, la distinction de ses manières, sont incomparables... — Es-tu de mon avis, chère enfant ?

— Certes ! — répliqua la jeune fille avec une conviction tellement manifeste que sa bonne foi ne pouvait être mise en doute...

— Plus d'une fois dans ma vie j'ai vu des hommes de cœur... — ajouta la gouvernante, — et je puis affirmer, en toute connaissance de cause, que le baron de Lascars est ce qui s'appelle un gentilhomme accompli...

— Je le crois comme toi... — appuya Pauline.

— Donc, sur ce point, nous sommes d'accord ?

— Complètement.

— Reste le moral... — Nous connaissons le baron de Lascars depuis peu de temps, mais il nous a donné des preuves de courage et de dévouement qui dénotent un grand cœur, une âme généreuse et chevaleresque...

— Roland est un héros ! — s'écria Pauline avec feu — nous n'en pourrions douter sans folie et sans ingratitude !

— Ah ça, chère enfant, — murmura madame Audouin — je ne sais plus où j'en suis ! — comment concilier l'enthousiasme que tu manifestes, et les larmes que tu versais tout à l'heure ?... — tu parles de M. de Lascars comme en parlerait une jeune fille très éprise, et tu t'évanouis à la pensée de l'accepter pour mari... je n'y comprends rien, et vraiment, si je ne savais que c'est impossible, je croirais que tu as un autre amour dans le cœur...

Pauline baissa les yeux et devint pourpre comme une pivoine épanouie.

Cette rougeur ardente fut pour la digne gouvernante un trait de lumière. — Elle pressa de questions l'orpheline, et cette dernière, ne sachant de quelle façon se défendre contre des instances si vives et si maternelles, finit par raconter à madame Audouin le rôle joué dans les événements de la nuit du 30 mai par cet inconnu dont l'image la poursuivait sans cesse, et qui n'était autre, nous le savons, que le marquis Tancrède d'Hérouville.

Madame Audouin écouta ce récit romanesque avec l'attention la plus profonde et l'intérêt le plus vif, puis, quand la jeune fille eut achevé, elle secoua doucement la tête et elle dit :

— Voilà certes, ma chère Pauline, un personnage très méritant et très courageux, auquel tu dois aussi bien qu'à monsieur de Lascars lui-même une reconnaissance infinie, mais tu n'as fait que l'entrevoir, au milieu d'un grand trouble et d'un effroi sans pareil, et je parierais volontiers que si tu venais à le rencontrer demain, tu ne le reconnaîtrais pas...

Un sourire indéfinissable vint aux lèvres de Pauline, et son regard levé vers le ciel eut une expression magnifique.

— Ah! — s'écria-t-elle, — comme tu te trompes, ma bonne Audouin! — demain ou dans dix ans je reconnaîtrai mon sauveur, si Dieu le met sur mon passage!...

— Je veux bien l'admettre puisque tu parais si convaincue, mais crois-tu donc qu'il te reconnaîtrait, lui?...

Pauline fit un geste de dénégation rapide.

— Oh! non, murmura-t-elle ensuite, — oh! non, certes! je ne le crois pas...

— As-tu la pensée qu'un jour ou l'autre tu reverras cet inconnu?

— J'ai la conviction que je ne le reverrai jamais...
— où veux-tu que je le revoie?...
— Qu'attends-tu donc?
— Rien...
— Qu'espères-tu?
— Je n'ai pas d'espoir...
— Enfin, tu désires quelque chose?
— Pas autre chose, je te le jure, que de rester fidèle à un souvenir... à un rêve...
— Et, pour rester fidèle à un rêve, — car en réalité ce n'est qu'un rêve, — (tu viens d'en convenir toi-même) — tu refuserais un bonheur certain? — s'écria madame Audouin.
— Ne suis-je pas aussi heureuse qu'il soit possible de l'être après le malheur qui m'a frappée, quand mon pauvre père est mort!... — répliqua doucement Pauline...
— Chère enfant, tu ne peux passer ta vie dans la solitude!!
— Je ne suis pas seule puisque tu es avec moi, ma bonne Audouin...
— Je n'y serai pas toujours...
— Pourquoi donc? — si tu me disais toi-même que tu songes à me quitter, je ne consentirais point à le croire...
— Aussi notre séparation, chère enfant, n'aura rien de volontaire... — tu es toute jeune et je suis vieille... quand Dieu m'appellera il faudra bien partir...
— Voilà un nouveau malheur que je refuse de prévoir...
— Oui, sans doute, mais je dois le prévoir, moi, et je voudrais, avant de monter là-haut, te voir heureuse avec un bon mari...

— Et! — s'écria Pauline, — qui te dit que je serais heureuse avec le baron de Lascars?...

— Comment en serait-il autrement? — répliqua la gouvernante, — ne consacre-t-on pas sa vie au bonheur de ceux qu'on aime? — Or, le baron éprouve pour toi le plus ardent amour, et la preuve c'est qu'il veut devenir ton mari malgré ta pauvreté, lui qui pourrait trouver de riches héritières et des filles de grandes maisons... — Réfléchis donc bien, mon enfant chérie, et ne plonges point dans le chagrin, par un inexplicable refus, un galant homme qui t'a sauvé la vie et qui brûle du désir de te donner la sienne...

Cette tactique de la gouvernante obtint le succès qu'elle en espérait.

— Ainsi, chère enfant, tu consens?... — s'écria madame Audouin triomphante, en serrant Pauline dans ses bras et en la couvrant de baisers.

— Oui... — répondit l'orpheline d'une voix faible. — Je consens...

— Tu seras baronne de Lascars?...

— Hélas! — murmura Pauline, — il le faut bien, puisqu'un refus serait presque un crime...

— Tu me promets que rien ne viendra te faire changer de résolution d'ici à demain...

— Je te le promets, ma bonne Audouin... — tu as ma parole, et, dussé-je en mourir, je la tiendrai...

— Que parles-tu de mourir, chère enfant! — répliqua la gouvernante d'un ton de reproche, — chasse bien vite ces idées lugubres! — C'est ton bonheur que tu viens d'accepter...

Pauline baissa la tête et garda le silence. — Elle n'avait plus la force de répondre, et maintenant que sa résolution était prise, elle manquait surtout de courage pour recommencer une inutile discussion.

— Tu dois être brisée de fatigue, pauvre petite ! — reprit madame Audouin, — allez bien vite vous mettre au lit, madame la baronne, faites de beaux rêves, et, aux premières clartés du jour, vous vous réveillerez fraîche, reposée, heureuse et souriante...

Pauline se coucha, mais des pressentiment sombres, — (les mêmes qui, une fois déjà, quelques jours auparavant, l'avaient assaillie), — vinrent s'asseoir à son chevet et chassèrent d'abord le sommeil. — Ses yeux se fermèrent enfin, mais des songes de mauvais augure remplacèrent les pressentiments, et de grosses larmes coulèrent longtemps sur ses joues à travers ses paupières abaissées...

Quand la jeune fille se réveilla, de splendides rayons de soleil inondaient la maisonnette et le petit jardin. La nature semblait en fête, — les oiseaux chantaient leurs plus joyeuses chansons dans la verdure jaunie par l'automne...

L'orpheline subit la bienfaisante influence de ces chansons et de ces clartés ; — elle sentit une sorte de paix renaître en son âme troublée : — il lui sembla que l'image de l'inconnu devenait moins distincte et elle s'efforça de se persuader que celle de Roland de Lascars pourrait la remplacer complètement dans l'avenir.

— Il m'aime ! — se dit-elle, — il m'aime orpheline et pauvre, et m'en donne la preuve la plus éclatante en faisant de moi sa femme... — il est jeune et beau, noble et généreux... — j'avais déjà pour lui l'affection d'une sœur... pourquoi n'aurais-je pas un jour une tendresse d'épouse ?

— A la bonne heure! — s'écria madame Audouin en voyant Pauline lui sourire, — tu es un petit peu pâle encore, mais pourtant je te retrouve!... Ah! que tu seras belle en robe blanche, avec la couronne de fleurs d'oranger sur la tête!... — que le baron sera bien aussi, et quel couple charmant vous ferez tous les deux! — Pauline... ma Pauline, regarde-moi! — je me sens aujourd'hui rajeunie de vingt ans!

Vers dix heures Lascars arriva.

Il trouva, dans le jardin, la gouvernante qui faisait le guet pour être la première à lui parler.

— Chère madame Audouin, — lui demanda-t-il vivement. — Eh! bien?... — quelles nouvelles allez-vous me donner?... répondez vite, je vous en supplie! j'attends de vous la vie ou la mort!...

— Ah! monsieur le baron... — répliqua la digne femme, — ne vous avais-je pas prévenu hier que votre cause était gagnée d'avance! — J'ai bien parlé pour vous, mais vous ne me devez aucune reconnaissance, car en disant à ma chère fille ce qu'il fallait lui dire, je ne faisais qu'exprimer ses propres pensées...

— Ainsi, — s'écria Lascars d'une voix très émue, — mademoiselle Talbot consent? — Elle accepte mon nom?...

— Elle accepte avec joie et elle vous attend pour vous l'affirmer elle-même...

Lascars jugea de fort bon goût de simuler autant de surprise que d'ivresse, et, dans ses transports de bonheur et de reconnaissance, il embrassa à deux ou trois reprises la bonne madame Audouin qui ne s'était jamais sentie plus fière ni plus honorée.

Le gentilhomme et la gouvernante entrèrent ensuite dans la maisonnette, où Lascars tomba aux pieds de

Pauline et appuya ses lèvres sur les mains de la jeune fille avec un transport de passion d'une éloquence irrésistible.

L'orpheline était trop intelligente pour ne pas comprendre que puisqu'elle agréait la demande du baron, il ne fallait point offrir à son fiancé les traits mornes d'une victime résignée, qui se laisse conduire à l'autel mais qui n'y marche point d'un cœur libre et joyeux.

Son visage fut souriant, sa parole affectueuse, et si par instants, malgré ses efforts, elle ne put dissimuler une nuance de froideur, Lascars mit cette nuance sur le compte de la timidité et de la retenue d'une jeune fille craignant de se montrer trop heureuse et trop expansive...

XLV

UNE TRANSACTION

Après deux longues heures de causerie intime, il fut convenu entre Roland et Pauline que le mariage serait célébré à la fin du mois suivant.

La maisonnette du Bas-Brunet était infiniment trop petite pour recevoir, même momentanément, le jeune ménage, et Lascars ne se trouvait point installé au Moulin Noir de façon à pouvoir y conduire sa femme; — en conséquence, ce laps d'un mois lui devenait nécessaire pour se procurer, à Paris, un logis convenable et surtout pour faire de ce logis un temple digne de l'idole qui devait l'habiter.

Madame Audouin, dans son imprudent et naïf enthousiasme, aurait voulu voir le mariage s'accomplir dès le lendemain, et elle s'affligea vivement d'un retard qui lui semblait exagéré, mais Pauline — (avons-nous besoin de le dire) — accepta joyeusement ce délai.

Le moment d'agir était venu pour Lascars; — le misérable gentilhomme allait mettre à exécution le plan hardi et infâme qu'il avait conçu et dont le résultat probable devait être de métamorphoser la pauvre orpheline en une riche héritière.

Roland prévint sa fiancée et madame Audouin que ses visites, à partir du lendemain, deviendraient forcément irrégulières, en raison de la nécessité où il se trouvait d'aller chaque jour à Paris, et de la difficulté probable de revenir chaque soir à Bougival.

— Tout ce que vous ferez sera bien fait, mon ami... — murmura Pauline en souriant.

La gouvernante se contenta de hocher silencieusement la tête, et de s'avouer à elle-même que ces préliminaires répondaient assez mal à tout ce qu'elle avait rêvé.

— En vérité ce n'est point ainsi que je me figurais un mariage d'amour! — se dit-elle; — comment donc se passeraient les choses, s'il s'agissait d'un mariage de convenance ou d'argent? Le baron aime Pauline, je n'en puis douter... — Sans cela l'épouserait-il?.. mais, à sa place, moi, j'aurais déjà couru chez le curé de la paroisse la plus proche, et je l'aurais supplié de tout quitter pour me marier bien vite! Ces beaux oiseaux n'ont pas de nid! — qu'importe? — A-t-on besoin d'un palais quand on s'aime?.. — Si j'étais le baron, je me hâterais d'être heureux, avant de m'occuper de loger mon bonheur!.. — Mais tout cela ne me regarde pas, et, puisque Pauline est contente, il faut que je le sois aussi...

Dans l'après-midi, Roland regagna le Moulin Noir et dit à Sauvageon qu'il trouva levé :

— Je vais à Paris... — je reviendrai demain, sans doute... — Êtes-vous capable de vous suffire à vous-même jusqu'à mon retour?..

— Je suis capable de tout, excepté de m'asseoir... — répondit l'ex-cabaretier des Lapins.

— Voici de l'argent... — continua Roland — nous allons traverser la rivière ensemble... — vous achèterez des provisions et vous reviendrez seul... — Croyez-vous le pouvoir?

— Sans aucun doute... — seulement je ramerai debout...

— Soignez-vous bien, maître Sauvageon, car le moment approche où j'aurai besoin de vous pour cette entreprise délicate dont je vous ai déjà parlé et qui fera votre fortune en même temps que la mienne...

La figure pointue du bandit s'illumina.

— Je serai prêt dès qu'il le faudra! — s'écria-t-il — monsieur peut être bien tranquille!

Puis il ajouta :

— Monsieur me permet-il de lui demander comment vont ses affaires avec la petite demoiselle?

— Mes affaires vont le mieux du monde — répliqua Lascars — la petite demoiselle, comme vous dites, sera ma femme le mois prochain.

Aucun peintre ne saurait imaginer une expression de stupeur aussi prodigieusement comique que celle qui se peignit sur le visage de Sauvageon.

— Monsieur veut rire!... — balbutia-t-il...

— Rien au monde n'est plus sérieux que ce que je vous dis?.. — J'épouse mademoiselle Talbot...

— Mais, monsieur...

— Eh bien, quoi?

— La jeune personne n'a pas un sou...

— Qu'en voulez-vous conclure?

— Que ce mariage, monsieur, est une mauvaise affaire...

— Excellente logique, à coup sûr, maître Sauvageon — répondit Roland d'un air convaincu — mais que voulez-vous?.. — l'amour fait faire des folies !

Lascars laissa Sauvageon à Bougival, prit place dans la voiture publique et arriva à Paris au moment où la nuit succédait au crépuscule.

Un fiacre le conduisit rue des Vieilles-Etuves, à la porte de l'huissier chargé de le poursuivre l'épée dans les reins, à la requête de ses principaux créanciers. — Cet huissier se nommait Ledru. — Il habitait une de ces sombres et hideuses maisons, si communes jadis, et complètement introuvables aujourd'hui, grâce aux gigantesques travaux qui font de Paris la plus belle ville du monde entier.

Une allée noire et puante conduisait à un escalier en colimaçon, dont les marches disjointes tremblaient sous les pieds.

Lascars mit en branle un manteau de fer, remplaçant la sonnette au premier étage.

La porte lui fut ouverte par une servante laide, sale, et de méchante humeur.

— A qui en avez-vous ? — demanda cette fille.

— A maître Ledru — répondit-il.

— Il est plus de sept heures, l'étude est fermée et les clercs sont partis...

— Ceci m'est parfaitement égal... c'est à maître Ledru lui-même que je veux parler...

— Est-ce pour affaires ?...

— Oui, pour affaires très pressées et très importantes...

— Mon maître ne reçoit personne après la fermeture de l'étude...

— Il faut cependant qu'il me reçoive... — et je

compte sur vous pour l'y décider... — ajouta Lascars en mettant un écu dans la grosse patte de la servante...

Le mythologique gâteau de miel de Cerberus est et sera de tous les temps !

La fille maussade fit la révérence et dit d'une voix singulièrement adoucie :

— Puisque c'est important, entrez toujours... — monsieur grognera si ça lui plaît... — Je vais le prévenir qu'il faut qu'il vous parle...

Et elle introduisit Lascars dans un cabinet noir et sordide, après lui avoir fait traverser une grande pièce qui servait d'étude.

Au bout d'un instant l'huissier parut. — C'était un homme entre deux âges, de mine joviale, parfaitement chauve, ne portant point perruque, adorant la gaudriole et fanatique du vieux vin de Bourgogne.

Du premier coup-d'œil il reconnut en son visiteur un homme de la haute classe, il salua fort humblement et il demanda :

— A qui ai-je l'honneur de parler ?

— Monsieur Ledru — répondit Roland en souriant — vous me connaissez bien... vous me connaissez même trop bien...

— Il me semble cependant... — commença l'huissier.

— Que ne vous m'avez jamais vu... — acheva le visiteur — ceci est parfaitement vrai, ce qui n'empêche pas que nous avons eu ensemble de nombreux rapports. Je suis le baron de Lascars...

L'huissier s'inclina jusqu'à terre.

— Ah ! — répliqua-t-il ensuite — quel honneur pour moi que la présence de monsieur le baron dans ma modeste étude ! — J'ai envoyé, il est vrai, du papier timbré à monsieur le baron, beaucoup de papier tim-

4.

bré... énormément de papier timbré... mais sous enveloppe, toujours sous enveloppe... — Je sais vivre et ne me serais point permis de manquer au respect que je lui dois... — J'ai là le dossier... — toutes les pièces de la procédure, sauf celles qui sont aux mains des recors chargés de procéder à l'arrestation de monsieur le baron...

— Mon dossier ! — dit Lascars. — Peste ! il doit être volumineux !

— Magnifique, monsieur le baron ! magnifique ! — la gloire de mon étude ! — les liasses remplissent plus de quatre sacs (1) !

— En vérité !

— C'est comme j'ai l'honneur de le dire à monsieur le baron... — Aussi j'en suis fier, et mes confrères en sont jaloux.

— Monsieur Ledru — demanda Roland — devinez-vous le motif de ma visite ?

— Peut-être monsieur le baron vient-il retirer les titres...

— Je viens du moins m'arranger...

— En fait d'arrangements, je n'en connais qu'un auquel les créanciers de monsieur le baron donneront les mains...

— Quel est-il ?

— Un payement complet, intégral, en bonnes espèces sonnantes et ayant cours.

— Allons, allons, monsieur Ledru, mes créanciers ne sont pas si tigres que vous les faites...

— Ils sont intraitables ! — ils prétendent que monsieur le baron s'est moqué d'eux...

(1) Au dix-huitième siècle, les *cartons* n'avaient pas encore remplacé les *sacs* dans les études des notaires, de procureurs et d'huissiers.

— Eh bien ! quand cela serait ?
— Certes, monsieur le baron était dans son droit...
— Alors de quoi se plaignent-ils ?
— De rien... Seulement ils disent que leur droit, à eux, est de mettre en prison monsieur le baron, et qu'ils en useront...
— Je vais vous prouver que leur intérêt est de n'en rien faire, et je vous demande un peu d'attention...
— La mienne est d'avance acquise à monsieur le baron...
— La question est simple — commença Lascars — il s'agit, pour mes créanciers, de tout perdre, ou de toucher tout.... — Depuis que j'ai quitté Paris, j'ai échappé facilement aux recherches dont j'étais l'objet, j'y pourrais échapper de même éternellement, et si je viens aujourd'hui chez vous, c'est que j'ai besoin de ma complète liberté d'action dans Paris pendant un mois, pour terminer un mariage qui doit me donner des millions... — signez-moi donc un sauf-conduit bien en règle, qui me mette à l'abri des recors, et je prends vis-à-vis de vous l'engagement formel de payer entre vos mains, dans un délai de six semaines et intégralement, le capital, les intérêts et les frais des sommes dont vous avez poursuivi le recouvrement...

Monsieur Ledru secoua la tête.
— Impossible ! — dit-il.
— Pourquoi ?
— Monsieur le baron me parle d'une véritable transaction et je ne puis prendre sur moi de l'accepter, sans en avoir conféré, au préalable, avec les créanciers de monsieur le baron.
— Refuseraient-ils donc d'approuver ce que je vous demande ?

— J'en suis convaincu...
— Ils auraient tort...
— Je ne dis pas le contraire, mais s'il leur convient d'avoir tort, personne ne peut les empêcher...
— Dans ce cas, monsieur Ledru, comme il me faut renoncer au mariage, par conséquent aux millions, et comme je tiens à ma tranquillité personnelle et surtout à ma liberté, je vais quitter Paris dans une heure, et la France dans deux jours...
— Mes vœux les plus sincères accompagneront monsieur le baron dans son voyage...
— Au revoir, monsieur Ledru, ou plutôt adieu... — Mille pardons de vous avoir inutilement dérangé ce soir...
— Ah! par exemple! c'est moi qui suis trop heureux d'avoir eu l'honneur d'entretenir monsieur le baron...

Roland prit son chapeau, salua légèrement, se dirigea vers la porte et fit ce qu'en termes de théâtre on appelle une *fausse-sortie*, c'est-à-dire qu'au moment d'atteindre le seuil il s'arrêta et se retourna.
— Monsieur Ledru... — dit-il.
— Monsieur le baron?...
— Peut-être ne croyez-vous pas que mon intention de payer intégralement mes créanciers dans six semaines soit bien sérieuse?
— Je crois, au contraire, de toutes mes forces, à la bonne volonté de monsieur le baron... — répliqua l'huissier.
— Mais vous doutez qu'il me soit possible de tenir ma promesse à l'époque indiquée?... — reprit Lascars.
— Eh! eh! il pourrait bien y avoir quelque petite chose comme cela...

— Si je vous donnais des preuves sans réplique que vous vous trompez ?

— Il est certain que des preuves suffisantes pourraient modifier la situation... mais il faudrait que ma responsabilité me semblât bien clairement et bien complètement mise à l'abri...

— Monsieur Ledru, vous savez à merveille que je n'ai point l'habitude de jeter l'argent par les fenêtres, n'est-il pas vrai ?

— Surtout quand il doit tomber dans la poche des créanciers de monsieur le baron... — répondit l'huissier en riant.

— Quels honoraires devez-vous toucher s'il vous plaît, pour vos peines et soins — (je ne parle pas des frais) — lorsque vous m'aurez fait mettre en prison ?...

— Environ quinze cents livres...

Lascars prit dans son portefeuille plusieurs billets de banque et les tendit à maître Ledru, en lui disant :

— En voici trois mille...

— Qu'est-ce que cela, monsieur le baron ?...

— Un faible supplément d'honoraires que je vous prie de recevoir pour l'amour de moi, en échange du sauf-conduit que je réclame... — Ces trois mille livres doivent vous prouver jusqu'à l'évidence que je suis sûr de mon fait, et qu'à l'heure dite mes créanciers seront payés.

L'huissier réfléchit pendant une minute. — Le raisonnement qu'il venait d'entendre ne lui semblait, à vrai dire, rien moins qu'inattaquable, mais les trois mille livres exerçaient sur lui une très puissante attraction.

Il se décida tout à coup et, faisant disparaître les

billets de banque dans un tiroir de son bureau, il répondit :

— Ah ! ma foi, impossible de résister à monsieur le baron !... — Je crois servir les intérêts qui me sont confiés, en rendant à monsieur le baron, pendant un laps de six semaines, une complète liberté d'action, mais qu'il soit exact, car, le lendemain du dernier jour de la dernière semaine, les recors rentreraient en chasse...

— Je leur éviterai cette peine...

Maître Ledru griffonna quelques lignes sur une feuille de papier timbré, et présenta cette feuille à Lascars.

— Voilà le sauf-conduit... — dit-il ; — monsieur le baron peut l'examiner... il est en règle...

Lascars se convainquit qu'en effet la signature de l'huissier le mettait temporairement à l'abri de toute arrestation, puis il quitta l'étude, la tête haute, l'esprit en repos, en un mot prodigieusement satisfait de la transaction qu'il venait de conclure, et des six semaines de liberté qu'elle lui procurait.

XLVI

DANS LEQUEL IL EST PROUVÉ QU'UN MOUTON PEUT MANGER UN LOUP

Lascars remonta dans le fiacre qui l'avait amené rue des Vieilles-Étuves, et se fit conduire rue des Bons-Enfants, à deux pas du vieil hôtel dans lequel le chevalier de La Morlière occupait un appartement modeste.

Il ne se flattait pas le moins du monde de l'espoir de trouver le chevalier chez lui à une telle heure de la soirée ; — il se proposait seulement de lui faire annoncer sa visite pour le lendemain matin, afin d'avoir la certitude de le rencontrer.

A son grand étonnement, le concierge qu'il questionna lui apprit que monsieur de La Morlière était rentré dans l'après-midi, et qu'on ne l'avait pas vu ressortir.

Lascars s'engagea dans l'escalier, agita la sonnette du troisième étage et le valet Champagne lui vint ouvrir aussitôt :

— Monsieur de La Morlière? — demanda Roland.

— Mon maître ne reçoit pas... — répondit Champagne.

— Je n'insisterai point pour être reçu si ma visite est importune en ce moment, mais je vous prie d'aller dire au chevalier que c'est le baron de Lascars qui désire le voir...

Le valet quitta l'antichambre pour s'acquitter de ce message, et Roland entendit presque aussitôt, à travers une cloison, la voix de La Morlière qui disait :

— Fais bien vite entrer monsieur le baron, et n'oublie pas que pour lui j'y suis toujours, même lorsque je t'ai donné la consigne de ne recevoir personne...

En même temps une porte s'ouvrit brusquement, le chevalier lui-même apparut et vint donner à son visiteur une chaleureuse embrassade, en s'écriant :

— Ah! mordieu, cher baron, quel bon vent vous amène!... — soyez le bienvenu, dix fois et dix fois encore!... — votre visite me rend le plus heureux des hommes!...

— Cet accueil cordial me comble de joie!... — répliqua Lascars.

Puis, remarquant que La Morlière tenait une serviette à la main, il ajouta :

— Mais je vous dérange...

— En aucune façon!... plaisantez-vous? est-ce que vous pouvez me déranger.

— Vous étiez à table...

— C'est vrai... — je soupais... — mais j'avais fini...

— Je veux m'en assurer par mes propres yeux...

— Cher baron, je vous assure...

— Je n'écoute rien... — répliqua Lascars en riant —

passons dans la salle à manger, sinon je quitte la place et vous laisse achever votre souper tout seul...

La Morlière fit une grimace et son visage exprima une assez forte dose de contrariété.

Il céda cependant de bonne grâce et il répondit :

— Venez donc, puisque vous le voulez absolument, mais je vous préviens que vous allez voir un bien triste repas...

— Allons, allons !... je n'en crois rien, chevalier, — répliqua Roland — car je vous sais connaisseur en bonne chère et épris de toutes vos aises.

En achevant ces mots, Lascars entrait avec son hôte dans la salle à manger. — Il fut stupéfait de voir à quel point La Morlière avait dit vrai en parlant de *triste repas*.

La mèche fumeuse d'une chandelle de suif, placée dans un chandelier de cuivre oxidé, éclairait mal la petite table carrée sur laquelle se voyaient, en tout et pour tout, un petit morceau de viande froide dans un plat de terre commune, un angle de fromage de Brie et des noix.

Deux couverts d'étain tenaient lieu d'argenterie.

Une grosse bouteille de verre blanc était à demi pleine d'un vin grossier de Suresnes ou d'Argenteuil, — un de ces vins bleuâtres et acidulés qui tachent la nappe et écorchent le gosier.

La Morlière s'aperçut à l'instant même de la surprise que Lascars ne pouvait dissimuler tout à fait.

Il rougit légèrement, mais il prit sur lui-même et il demanda d'un ton leste et dégagé :

— Eh bien, cher baron, que dites-vous de mon menu ?...

— Ce que j'en dis ?.. hum !.. hum !..

— Oh ! baron, parlez franchement et ne cherchez pas de périphrases...

— J'avoue qu'il me semble frugal.... — mais, après tout, il est suffisant, et je regarde la sobriété comme une vertu d'autant plus méritante qu'elle est plus rare...

Le chevalier se mit à rire de bon cœur.

— Ah ! saperjeu, baron — s'écria-t-il, — où diable allez-vous chercher cet éloge non moins superbe qu'inattendu ?... — Changez de langage, je vous prie !.. n'attribuez cet infernal repas, ni à une vertu, ni à un vice, ni à la frugalité, ni à la ladrerie... — je soupe ainsi ce soir, parce que je ne puis faire autrement, voilà la vraie raison !.. mon unique maître d'hôtel est la nécessité...

— La nécessité !.. répéta Lascars.

— Mon Dieu, oui...

— Je vous comprends mal, — je l'avoue.

— Je vais me faire comprendre... — répliqua La Morlière en frappant sur ses poches. — Qu'entendez-vous ?.. — ajouta-t-il...

— Rien — répondit le baron.

— Naturellement, puisqu'il n'y a rien !.. — les poches sont vides !.. — la bourse est vide !.. — tout est vide.. même l'estomac ! — est-ce clair, maintenant, cher baron ?..

— Moins que jamais...

— Ne comprenez-vous point que, pour le quart-d'heure, je ne possède plus un sou ?...

— Je l'entends bien, mais je ne le comprends guère... — je vous ai laissé, il y a trois jours, à la tête de trente mille livres !.. — c'est une somme, cela, que diable !..

— Oh ! oui... — murmura La Morlière en soupirant — c'est une somme !.. — une jolie somme !.. — je ne l'ai jamais reconnu plus volontiers qu'aujourd'hui.

— Si j'ai bonne mémoire — continua Lascars — ces trente mille livres devaient fructifier rapidement entre vos mains, et devenir, avant six mois, la pierre angulaire de votre fortune...

— Hélas !.. — balbutia le chevalier — la vie est pleine de ces rêves !... — plus ils sont beaux, plus ils s'évaporent vite !..

— Le baron sourit.

— Il me paraît — continua-t-il — que les trente mille livres ont fait comme les rêves... — elles se sont évaporées...

La Morlière enfla comiquement ses joues et fit le geste des enfants qui soufflent sur une bulle de savon.

— Enfin, voyons — demanda Lascars, — que vous est-il arrivé ?... — avez-vous été victime d'un vol ?..

— Vous désirez connaître les détails de mon infortune ?

— Oui... — si toutefois ce désir n'est pas indiscret...

— Il n'est pas le moins du monde... — seulement, voulez-vous me permettre de me mettre à table tout en racontant ?.. je vous avoue que je meurs de faim...

— Gardez-vous bien de vous gêner pour moi, mon cher chevalier, je ne le vous pardonnerais de ma vie...

— Baron, avez-vous déjà soupé ?..

— Pas encore...

— Tant pis !..

— Pourquoi ?

— Parce que mes raisons pour ne vous point inviter à partager mon festin ne sont hélas, que trop bonnes...

— Ah ! ça, — s'écria Lascars — vous m'y faites penser!.. où donc avais-je la tête?.. vous ne m'invitez pas, c'est à merveille, mais moi, je vous invite...

— Vraiment? — Eh bien, ma foi, j'accepte de grand cœur... — Champagne s'arrangera de ces tristes rogatons... — ce sera toujours assez bon pour ce drôle l.. — le temps de prendre mon chapeau et mon épée, et je suis à vous...

— Mon cher chevalier, répliqua Lascars, nous resterons chez vous, s'il vous plaît... — j'ai à vous parler de choses sérieuses et intéressantes ; nous serons beaucoup mieux ici qu'au cabaret pour cette causerie tout à fait intime...

— C'est au mieux... — seulement, pour souper, il nous manque un souper...

— Nous l'aurons dans dix minutes..

Lascars mit une pincée de pièces d'or dans la main de La Morlière et continua :

— Donnez des ordres à votre valet... — la rue des Bons-Enfants touche au Palais-Royal, et le Palais-Royal est amplement pourvu de cuisines exquises... — si Champagne est alerte et intelligent nous pourrons dans un quart-d'heure être attablés devant des mets choisis et des vieux vins de première ordre...

— Soyez paisible, baron, le souper sera digne de vous... — répondit le chevalier en quittant la salle à manger.

Il y reparut au bout d'un instant.

— Champagne est en route... — fit-il, et grâce à vous Lucullus soupera chez Lucullus...

— En attendant le retour de votre valet, demanda Roland, ne pouvez-vous commencer le récit en question ?...

— Si, mordieu !.. et peu de mots me suffiront pour

vous mettre au fait de ma mésaventure... — voici l'histoire : — on m'avait parlé d'un jeune hobereau, fraîchement débarqué de sa province avec l'héritage paternel en poche, grand joueur, sinon joueur habile, et tout disposé à perdre ses quatre ou cinq mille louis, contre quiconque aurait la ferme volonté de les lui gagner, et saurait venir en aide au hasard...

— Jolie affaire !.. — murmura Roland.

— C'est aussi ce que je me dis... — continua La Morlière — et je résolus de ne confier à personne l'agréable passe-temps de soulager de sa pléthore la bourse de ce cadet.

— Excellente idée !

— Vous allez voir quel en fut le résultat !.. — J'ai pour principe qu'il ne faut jamais remettre au lendemain ce qui peut se faire sur-le-champ... En conséquence, le gentillâtre provincial et moi, nous fûmes, hier, présentés l'un à l'autre, et nous prîmes rendez-vous pour le soir même... — Je glissai dans ma poche un jeu de cartes habilement préparé, je me munis des trente mille livres intactes, car, dans ma frayeur de les écorner, je n'avais pas même voulu payer à mon valet l'arriéré de ses gages, j'arrivai tout joyeux au rendez-vous, je commençai la partie avec la plus ferme confiance, et conformément aux bons principes, j'eus grand soin de débuter par des pertes qui devaient mettre mon adversaire en liesse et grandir encore la très haute idée qu'il avait de son mérite...

— Je n'aurais pas mieux fait !... interrompit Lascars.

— Baron, j'ai pour moi ma conscience, continua le chevalier, — malheureusement je n'ai que cela !... — je me disais : — *la chance tournera quand je vou-*

drai!... le moment vint où je voulus... — Hélas!... la chance ne tourna pas!... — je crus à une distraction de ma part, à une erreur, à une maladresse, car enfin je jouais avec mes propres cartes et, par conséquent, j'étais certain de dominer irrésistiblement la fortune !...
— je doublai mon jeu!... — je perdis encore!... je m'entêtai !... je perdis toujours, et je ne m'arrêtai dans ma perte que lorsqu'il ne me resta plus un sou des trente mille livres de Bonamy.

La Morlière s'interrompit brusquement.

— Ah! baron!... — baron!... — s'écria-t-il d'un ton de reproche, — vous riez de mon malheur!... c'est très mal!...

— Excusez-moi, mon cher chevalier — répliqua Lascars, — en vérité, je ris malgré moi, car la situation est plaisante, et Florant-Carton Dancourt y pourrait trouver le sujet d'une bonne scène de comédie !... — vous aviez rencontré plus adroit que vous, le mouton dévorait le loup !... le pigeon plumait l'autour !...

— C'est vous qui l'avez dit! murmura mélancoliquement La Morlière, — mon prétendu cadet de province était un *professeur de langue verte*, fort capable de vous tenir tête à vous-même!... il m'avait volé comme dans un bois !...

— Que fîtes-vous?

— Je pris mal la chose et je l'appelai filou!...

— Le mot était dur, convenez-en... que fit-il?...

— Il me rit au nez...

— Ah! diable !...

— Se moquer de moi, après m'avoir ainsi dépouillé, cela dépassait toutes les bornes!... je lui jetai les cartes au visage... il me répondit par un soufflet.

— Un soufflet, chevalier!...

— Mon Dieu, oui...
— Mais alors, il faudra vous couper la gorge avec cet intrigant !...
— C'est fait...
— Vous vous êtes battu ?
— Oui.
— Quand ?
— Ce matin, derrière la Bastille.
— Et vous l'avez tué ?
— J'ai fait, du moins, ce qu'il fallait pour cela... — je lui ai donné, tout au travers de l'épaule, un très grand coup d'épée... — s'il en revient, — ce dont je doute, — il en aura pour six mois au moins...
— Eh bien, chevalier, — reprit Lascars en riant, — vous êtes vengé... — c'est toujours cela... — *la vengeance,* — disent les poètes, — *est le plaisir des dieux !*...
— Plaisir des dieux, tant que vous voudrez !... j'aimerais mieux mes trente mille livres...
— Il n'y faut plus penser...
— C'est bien facile à dire !...
— Un peu de philosophie, — que diable !...
— Je voudrais vous voir à ma place...
— Grand merci !... — fit Lascars en riant.
— Songez donc ! — reprit La Morlière, — hier encore je me croyais riche ; je rêvais des trésors inépuisables, des monceaux d'or, des ballots de billets de banque, et aujourd'hui je suis à sec, si complètement à sec que sans vous, c'est tout au plus si j'aurais soupé !... — Parole d'honneur, cher baron, le découragement s'empare de moi, l'avenir m'apparaît noir comme de l'encre et j'ai presque envie de me casser un peu la tête contre les murs, faute de mieux...

— Gardez-vous bien de vous passer une si maussade fantaisie, mon cher chevalier ! répliqua Roland, — vous êtes un enfant de vous désespérer pour si peu !... le mal est réparable...

— Croyez-vous ?

— Je fais mieux que le croire... j'en suis sûr...

— Et qui se chargera de le réparer, s'il vous plaît ?...

— Moi.

La Morlière dressa l'oreille, comme un cheval de bataille quand la trompette sonne, et son visage assombri reprit l'expression de joyeuse insouciance qui lui était habituelle ;

— Vrai ? — demanda-t-il, vous me tirerez de cet impasse ?...

— Foi de Lascars, je vous en tirerai...

— Vous me donnerez de l'argent nécessaire pour me remettre à flot ?...

— Oui.

— Et vous agirez ainsi uniquement pour m'être agréable ?...

Le baron se mit à rire.

— Ah ! chevalier, — répliqua-t-il, — je n'ai pas dit un mot de cela, et, si même je l'avais dit, vous êtes trop spirituel pour le croire...

— C'est juste — murmura La Morlière, — nous sommes tous les deux d'un monde dont la devise est : — *rien pour rien !*...

— Sage devise !... appuya Lascars. La vôtre comme la mienne, sans doute...

— Vous avez donc besoin de moi ? — reprit le jeune homme.

— Peut-être...

— En quoi puis-je vous servir ?...

— Vous le saurez tout à l'heure...
— Pourquoi pas tout de suite ?...
— Parce que nous serions interrompus, j'entends votre valet qui rentre et il me semble qu'il n'est pas seul...

En effet la porte s'ouvrit et Champagne apparut escorté de deux marmitons dont l'un portait sur sa tête une grande manne recouverte d'une nappe blanche, et dont l'autre tenait à son bras un panier rempli de bouteilles de l'aspect le plus vénérable.

Un instant après, plats et bouteilles étaient disposés en bon ordre sur la table, les marmitons s'éloignaient, et Champagne, armé d'une serviette, se disposait à faire son office de valet de chambre.

XLVII

LE MARCHÉ DU SANG

Lascars fit à La Morlière un signe que ce dernier comprit à merveille.

Il se tourna vers Champagne et il lui dit :

— Monsieur le baron et moi nous n'avons pas besoin de toi... — voici un louis, à compte sur tes gages... — tu peux disposer de ta soirée... — vas souper où tu voudras, et, en passant, donne l'ordre au concierge de ne laisser monter personne...

Champagne, ravi de cette aubaine imprévue, saisit la pièce d'or, salua son maître et l'hôte de son maître et disparut avec prestesse.

— Nous voici seuls — fit alors La Morlière — et nous avons la certitude de n'être dérangés par qui que ce soit... — Causons donc en toute liberté, cher baron... — j'attends avec une vive impatience, je l'avoue, les communications que vous m'avez promises, et dont je ne saurais deviner la nature.

— Chevalier — commença Lascars — vous êtes jeune... quel âge avez-vous ?

— Cela dépend.

— Vous dites ?..

— Je dis que mon acte de naissance me donne vingt-deux ans, mais que j'ai deux fois plus si c'est l'expérience qui fait l'âge. Pourquoi me demandez-vous cela ?

— Parce que j'ai besoin de trouver chez vous une discrétion absolue qui s'allie rarement avec la jeunesse.

— Dans ce cas je suis un vieillard... — Confiez-moi donc hardiment vos secrets... je vous jure que rien au monde ne me les fera trahir...

— Oh ! je ne redoute point une trahison, mon cher chevalier... je pourrais craindre une légèreté, voilà tout.

— Vous n'avez rien à craindre, je vous le répète, ni légèreté, ni trahison...

— J'aurai d'ailleurs une garantie contre vous.

— Laquelle ?

— Votre intérêt qui vous commandera très impérieusement de vous taire... — Je vais donc aller droit au but... — Connaissez-vous certain personnage qui s'appelle, ou plutôt qui se fait appeler Philippe de la Boisière ?

Le chevalier eut un sourire aux lèvres.

— Oui, répondit-il, je le connais... je le connais même beaucoup.

— Vous êtes en relations avec lui ?

— En relations presque quotidiennes...

— Par quel hasard ?

— Mon Dieu, ce n'est pas un hasard... le vieux La

Boisière, dont le vrai nom est Philippe Talbot, protège mademoiselle Hermine, charmante coryphée de l'Opéra... Comprenez-vous maintenant?

— Pas encore.

La Morlière sourit de nouveau, avec une fatuité suprême.

— Puisqu'il faut mettre les *points* sur les *i*, cher baron, — ajouta-t-il en défripant d'une main nonchalante les plis de son jabot.— je vous dirai que mademoiselle Hermine a des bontés pour moi... — elle a voulu me présenter à son antique adorateur et nous vivons tous trois en bonne intelligence... — Hermine est de bonne famille... — Elle affirme à Talbot que je suis son cousin, et je vous assure qu'il le croit.

— Voilà qui se trouve à merveille!.. — vous devez faire la pluie et le beau temps dans cette maison.

— A peu près;— oui, par ricochet... Mon influence sur Hermine est grande, et celle d'Hermine sur La Boisière est absolue.

— Vous êtes en mesure de me présenter?

— Très bien... — je vous mènerai chez Hermine qui vous présentera... — mais que diable voulez-vous faire du vieux Talbot?

— Je veux devenir son ami intime, afin de pouvoir, dans quinze jours, lui servir de témoin.

— De témoin!... — répéta le chevalier fort étonné — est-ce que, par hasard, le bonhomme songe au mariage?... Hermine l'ignore absolument, et c'est la première fois que j'en entends parler.

— Philippe de La Boisière ne doit point se marier, — répondit Roland — il doit se battre..

— Peste! quel batailleur! un duel à son âge! c'est superbe! et, contre qui croisera-t-il le fer?

— Contre vous.

Le chevalier fit un bond sur sa chaise, et son visage exprima la surprise la plus profonde.

— Ah! par ma foi — s'écria-t-il ensuite — je tombe de mon haut!... — une rencontre entre Philippe Talbot et moi! je ne sais si je dors ou si je rêve... mais, le prétexte!.. le prétexte?

— Nous en trouverons un... — Je me charge de faire naître une querelle quand il en sera temps.

— Vous avez sans doute des raisons bien graves d'en vouloir à ce pauvre homme? je dis *pauvre*, au figuré, car il est puissamment riche.

— J'ai toujours de bonnes raisons pour faire ce que je fais... — répliqua sèchement Lascars.

— C'est juste, et je me mêle là d'une chose qui ne me regarde pas... — Faudra-t-il donner à Philippe Talbot un coup d'épée bien grave?

— Il faudra le tuer raide.

La Morlière pâlit et fit un geste de répugnance et d'effroi.

— Ah! ça, mon cher chevalier — continua Lascars d'un ton ironique — on croirait presque que vous hésitez.

— Ma foi, baron, moquez-vous de moi si vous voulez, mais je vous avoue franchement que, tuer un homme qui ne m'a rien fait, ça me paraît un peu bien dur.

— Que vous avait donc fait votre adversaire de ce matin?

— Vous oubliez les trente mille livres et le soufflet!... quiconque me prend pour dupe m'insulte!... — mon adversaire de ce matin m'avait donc insulté deux fois!

— Oh! soyez tranquille, Philippe Talbot vous insultera... — il vous insultera gravement.... — il vous souffletera même, je vous le promets, si vous y tenez le moins du monde...

— Soit, mais enfin la querelle que vous susciterez entre nous aura pour but unique de l'attirer dans un duel d'où il ne sortira pas vivant.

— Que vous importe?

— Songez donc!... c'est un vieillard!... il me semblera que je l'assassine...

— Vous êtes fou, chevalier!... est-ce qu'on assassine un homme quand on se rencontre avec lui face à face, épée contre épée?

La Morlière ne répondit pas. Lascars reprit :

— Réfléchissez, d'ailleurs, mon cher... je n'ai ni le désir, ni le pouvoir de vous contraindre... — S'il ne vous convient pas de me rendre le service que j'attendais de vous, vous êtes libre... Seulement j'ai le droit de compter sur votre discrétion, et j'y compte... — je me passerai de vous, chevalier, de même que vous vous passerez de moi, et nous resterons bons amis...

— Que diable, baron — s'écria La Morlière, — ne vous hâtez pas tant de prendre la mouche!... — il y a peut-être moyen de s'entendre.

— Entendons-nous, je ne demande pas mieux.

— Ne pourriez-vous, dites-moi, vous contenter d'un coup d'épée de moyenne force?

— Non.

— Il faut absolument que mort s'en suive?

— Oui.

— Tudieu! quel acharnement!... Vous vous intéressez donc beaucoup aux héritiers de Philippe Talbot?

— Peut-être...

— Si j'avais consenti à vous vendre le coup d'épée

dont vous avez besoin, combien comptiez-vous me le payer ?

— A quoi bon vous le dire, puisque vous refusez ?

— Dites toujours... — Cela n'engage à rien.

— Soit. J'avais l'intention de vous donner trois mille livres à l'instant même, à titre d'arrhes, trois mille livres au moment de ma présentation à Philippe de la Boisière — six mille livres à l'issu du duel, et huit mille livres un mois, jour pour jour, après les obsèques du défunt.

— Total, vingt mille livres, si je sais compter, — fit le chevalier.

— Vous comptez à merveille, et, pour un simple coup d'épée, je crois que la somme est ronde.

— Ecoutez — dit La Morlière après avoir réfléchi pendant un instant — je sens que je suis un gredin et que je fais une vilaine action, mais la nécessité l'emporte... mettez quatre mille livres de plus, je suis votre homme.

— Va pour quatre mille livres de plus. J'augmenterai de mille livres chacun des payements... sommes-nous d'accord ?

— Oui.

— Alors, touchez la !

La main de Lascars et celle du chevalier se rencontrèrent, et leur étreinte infâme fut la consécration du marché de sang que les deux misérables venaient de conclure.

— Maintenant, dit La Morlière, donnez les arrhes.

— Les voici...

Roland laissa tomber sur la table quatre billets de banque ; — le chevalier les saisit avidement.

— Oiseaux mignons — murmura-t-il en les caressant du regard — s'il plaît au diable, vous vous envolerez moins vite que ceux qui vous ont précédés !...

— Quand me présenterez-vous à mademoiselle Hermine ? — demanda Lascars.

— Dès demain, et vous pouvez compter que le soir même, si l'Opéra ne retient point la belle, nous souperons chez le vieux Talbot.

— Est-ce que Philippe tient table ouverte ?

— A peu près... il a du monde presque chaque jour... il passe les nuits comme un jeune homme... C'est un personnage très bizarre et, par moments je le crois un peu fou...

— Pourquoi donc ?

— Parce qu'au milieu de cette société bruyante de joyeux garçons et de jolies femmes dont il aime à s'entourer, il conserve toujours une figure sombre et distraite qui glace rien qu'à la regarder. Il boit comme un mousquetaire et ne semble pas même ému quand ses convives les plus solides sont gris à rouler sous la table, il joue un jeu d'enfer en ayant l'air de penser à autre chose qu'aux cartes qui tombent... il gagne sans sourire et perd sans jurer !... Enfin je lui trouve la physionomie d'un homme qui veut s'étourdir et qui ne peut en venir à bout... Peut-être a-t-il commis un crime autrefois et lutte-t-il contre le remords.

— Ce remords contre lequel il lutte — se dit Lascars à lui-même — c'est le souvenir de son frère !...

XLVIII

HERMINE ET CYDALISE

Le lendemain — ainsi que cela avait été convenu la veille au soir — le chevalier attendit Roland pour le conduire chez mademoiselle Hermine, son amie de cœur et la protégée de Philippe Talbot.

Le baron de Lascars, en homme jaloux de continuer les courtoises et magnifiques traditions du commencement du siècle, voulut offrir à la jeune et jolie déesse d'opéra un bouquet d'une rare beauté, auquel un bracelet merveilleusement élégant servait de lien.

— Mordieu, baron ! — s'écria La Morlière, au moment où Roland, muni de son bouquet, arriva chez lui pour le prendre, — savez-vous que vous me mettez martel en tête ! — viseriez-vous, par hasard, à m'enlever le cœur d'Hermine ?...

— Rassurez-vous, chevalier — répliqua Lascars en riant — je ne saurais être pour vous un rival redoutable, et n'en ai pas l'ambition... — mademoiselle Hermine m'est tout à fait inconnue et je suis moi-même pris ailleurs.

— A la bonne heure ! de cette façon, tout est pour le mieux ! — nous partirons quand il vous plaira.

Le baron et le chevalier se mirent en route.

Mademoiselle Hermine était une ravissante fille de dix-huit ans — Elle accueillit Lascars à merveille sous le patronage du chevalier, elle trouva le bouquet charmant et l'idée du bracelet tout à fait galante ; enfin elle invita les deux gentilshommes à venir souper le soir même, en nombreuse compagnie, à l'hôtel de la rue Culture-Sainte-Catherine.

— Mais — fit observer le baron — je n'ai pas le plaisir d'être personnellemet connu de M. de La Boisière...

— Qu'importe ? — répondit Hermine — tous mes amis sont les amis de Philippe, et à partir de ce moment, je vous donne une place dans mon amitié...

Le soir venu Lascars, qui s'était occupé pendant le jour du soin de renouveler complètement sa garde-robe, fit une toilette luxueuse, de nature à rehausser ses avantages extérieurs et la distinction dont il était amplement doué, et prit le chemin de l'hôtel de Philippe Talbot.

Une demi-douzaine de carrosses stationnaient déjà dans la vaste cour illuminée *à giorno*.

Quatre ou cinq valets de pied en livrées de fantaisie garnissaient le vestibule de l'antichambre qu'embaumaient des fleurs éclatantes.

L'un de ces valets ouvrit à deux battants la porte du premier salon et annonça le baron de Lascars.

Mademoiselle Hermine accourut aussitôt à sa rencontre, avec une grâce et une vivacité sans pareilles ;

— elle le prit par la main et le conduisit à Philippe Talbot, presque méconnaissable sous un costume de nuances claires et brillantes, surchargé de broderies ; — le teint habituellement pâle du vieillard était fortement coloré ; — ses yeux presque toujours mornes offraient le plus vif éclat.

Lascars s'étonna d'abord de cette transformation, mais, à mesure qu'il s'approchait du maître de la maison, son étonnement disparut ou du moins changea de nature... — le rajeunissement dont nous venons de parler n'était qu'apparent...

Philippe Talbot avait étendu sur ses joues une épaisse couche de rouge, comme un acteur au moment d'entrer en scène !...

— Mon ami, — dit Hermine au vieillard, — voici monsieur le baron de Lascars que je vous présente, et qui voudra bien, je l'espère, nous consacrer parfois quelques heures...

Roland s'inclina devant son hôte avec une respectueuse déférence.

— Monsieur le baron, — dit à son tour Philippe Talbot, du ton plein de courtoisie et de dignité d'un véritable grand seigneur, — je serai très heureux et très fier de vous voir devenir l'hôte assidu de mon hôtel...

— Je profiterai souvent, monsieur, de la permission gracieuse que vous voulez bien m'accorder... — répliqua Lascars avec un nouveau salut.

— Votre nom est trop illustre, monsieur le baron, pour ne pas m'être connu depuis longtemps... — reprit le vieillard, — j'ajouterai même que je me crois certain d'avoir eu l'honneur de vous rencontrer déjà plus d'une fois... — est-ce que je me trompe ?

— Non, monsieur, vos souvenirs sont exacts, et chacune de ces rencontres m'avait donné le désir le plus vif de vous être enfin présenté...

L'arrivée de plusieurs convives interrompit à son début l'entretien de Philippe Talbot et du baron.

Ce dernier jeta les yeux autour de lui afin de voir s'il se trouvait en pays de connaissance.

La première personne qu'il aperçut fut Cydalise qui, debout devant une grande glace, mettait en ordre les plis de sa longue jupe, et réparait dans sa coiffure un désordre imaginaire.

Lascars ne l'avait pas revue depuis la scène terrible et scandaleuse survenue entre lui et le marquis Tancrède d'Hérouville, scène dont l'hôtel de cette nymphe d'opéra, (qui donnait à jouer à tous les gentilshommes et à tous les brelandiers de Paris), avait été le théâtre.

Lascars fronça le sourcil et ne put réprimer un mouvement de violente contrariété.

— Voilà qui est tout à fait malencontreux ! — pensa-t-il, — cette créature peut me causer ici le plus grand préjudice si elle s'avise de raconter à Philippe Talbot ce qui s'est passé dans son tripot maudit ! il faut me faire d'elle une alliée !... il le faut absolument !...

En conséquence il donna à son visage l'expression la plus bienveillante et la plus amicale, et il se dirigea vers la jeune femme.

— Quelle joie pour moi de vous rencontrer ici ce soir, chère divinité !... — s'écria-t-il en l'abordant, — d'honneur, je pense à vous sans cesse ! — tendez-moi donc bien vite cette jolie main blanche !... j'ai hâte de l'approcher de mes lèvres !...

Cydalise se retourna vivement pour regarder qui lui parlait ainsi. — Elle parut fort surprise et médiocrement ravie en reconnaissant Lascars, cependant elle n'osa refuser de lui tendre la main, mais elle le fit avec une hésitation visible et une mauvaise grâce manifeste.

Lascars s'attendait à la froideur de cet accueil, et nous savons déjà qu'il n'était point homme à se déconcerter pour si peu.

— Cette chère Cydalise! — continua-t-il, quelle heureuse chance est la mienne! vrai, je bénis à deux genoux mon étoile qui me met ainsi sur votre chemin!... laissez-moi donc vous regarder, vous admirer, ma déesse!... — ah! fille de Vénus, vous êtes bien comme votre mère, toujours plus jeune et plus charmante!...

— Baron, — répliqua la jolie femme, d'une voix légèrement railleuse, — si votre joie est extrême, je puis bien affirmer que ma surprise ne lui cède en rien...

— Pourquoi donc cette surprise, ma toute belle?

— Il y a des siècles qu'on ne vous a vu! vous me faites un peu l'effet d'un revenant!...

— Méchante, vous m'aviez oublié!...

— Vous savez le proverbe, baron : — *les absents ont tort!*... — c'est surtout avec nous autres femmes que le proverbe est vrai...

— Pensiez-vous donc ne me revoir jamais?...

— Est-ce la vérité qu'il faut vous répondre?...

— Certes!...

— Eh! bien, franchement, je vous croyais disparu si bien que vous ne reparaîtriez plus... j'avais dit : — *un homme à la mer!*.. — et je vous supposais noyé...

— Me regrettiez-vous, au moins?... donniez-vous une larme à la mémoire du plus passionné de vos serviteurs?...

— Il y a si longtemps!... — ma foi, je ne m'en

souviens guère... — mais, à propos, baron, qu'êtes-vous devenu?... — mon Dieu, je vous demande cela... j'ai peut-être grand tort..., mais, pour peu que ma question soit indiscrète, je m'empresse de la retirer...

— Indiscrète, chère Cydalise! rien ne saurait l'être venant de vous! — J'avais quitté Paris...

— Ah! vous avez le goût des voyages?...

— Je ne voyageais pas...

— Mais alors que faisiez-vous donc?

— Une bonne œuvre...

— Vous, baron! une bonne œuvre! ah! c'est invraisemblable!...

— Et, cependant, rien n'est plus vrai...

— Peut on la connaître, cette bonne œuvre?...

— Je servais de bâton de vieillesse à un mien oncle, fort respectable...

— Un oncle à succession?...

— Naturellement.

— Et vous l'avez quitté, ce digne parent?...

— Hélas!... c'est lui qui m'a quitté le premier! — il repose... — que Dieu ait son âme!...

— Et, l'héritage?...

— L'héritage m'est échu...

— Mes compliments, baron, car, s'il faut en croire les *on dit*, vous aviez grand besoin d'être remis à flot... — la somme est-elle ronde au moins?

— Elle est de trois millions... — répondit Lascars de l'air du monde le plus dégagé.

— Trois millions... — répéta Cydalise en changeant de visage, — vous avez trois millions?...

— Mon Dieu, oui... — sauf une bagatelle... — j'avais laissé derrière moi cent mille écus de dettes, et je viens de les payer en arrivant, car j'arrive et je fais aujourd'hui ma rentrée dans le monde...

— Mais alors, vous voilà plus riche que vous ne l'avez jamais été !...

— Oh ! beaucoup plus riche, ma toute belle...

— Vous allez de nouveau mener grand train ?...

— Je ne suis revenu à Paris que pour cela...

— Vous jetterez, comme autrefois, l'argent par les fenêtres ?...

— Je le jetterai mieux qu'autrefois... — à quoi bon ménager ?... — j'ai deux autres oncles en province... — quand ils seront mûrs j'irai les cueillir...

Cydalise saisit le bras de Lascars et le serra familièrement et surtout très affectueusement.

— Ah ! cher baron, — s'écria-t-elle ensuite avec une touchante effusion, — je ne sais comment vous dire combien je suis ravie du bonheur qui vous arrive, ni de quelle façon vous témoigner ma joie et la part que je prends à cette heureuse chance que vous méritez si bien !...

— Cette bonne Cydalise ! — répliqua Lascars dont la physionomie mobile exprima l'émotion la plus vive, — enfin je la retrouve ! — ah ! ma toute belle, sûr de vos sympathies comme je l'étais, je n'ai point été dupe de la petite comédie de froideur que vous m'avez jouée tout à l'heure ! — je vous sais incapable d'abandonner jamais un ami malheureux !...

— Ah ! c'est bien vrai, ce que vous dites-là ! — reprit la jeune femme — et vous me connaissez à merveille ! — je ne sais pas faire de phrases, moi ! — pour juger mon dévouement à mes amis, il faut le mettre à l'épreuve, et je vous ai prouvé le mien, plus d'une fois, à votre insu...

— De votre part, rien ne peut m'étonner ! apprehez-moi bien vite tout ce que je vous dois...

— Vous n'ignorez pas qu'en ce monde on a la cruelle habitude d'attaquer les absents...

— Je ne le sais que trop... surtout quand les absents sont ruinés, ou passent pour l'être...

— Lorsqu'on vous attaquait devant moi, il fallait m'entendre et me voir...

— Ange de bonté, vous preniez ma défense?... — s'écria Lascars, en proie à un véritable transport d'enthousiasme.

— Je la prenais du bec et des ongles ! et je m'animais ! — la colère s'emparait de moi ! j'injuriais vos détracteurs avec une violence sans égale, si bien qu'ils me disaient parfois : — *Pour soutenir ainsi le baron, envers et contre tous, il faut que vous soyez amoureuse de lui !*...

— Il vous disaient cela, Cydalise?...

— Textuellement...

— Et que répondiez-vous ?...

— Je ne répondais pas... — murmura la nymphe d'opéra en baissant les yeux d'un air modeste et presque confus.

Ce fut au tour de Lascars de presser doucement le bras de la jeune femme.

— Ah ! — fit-il ensuite d'un voix agitée — si j'osais comprendre ! si je ne craignais de céder trop vite à la plus charmante, à la plus enivrante des chimères ! Cydalise, Cydalise, répondez-moi ! ce silence adorable, comment faut-il l'interpréter ?...

— Cher baron — soupira la nymphe avec des poses ingénues qu'elle croyait irrésistibles — vous êtes trop généreux pour abuser d'un trouble que je voudrais en vain vous cacher... — au nom du ciel, ne m'interrogez plus...

— Vos désirs sont pour moi des ordres, oh! ma divinité! — répliqua Lascars — mais cet entretien qui m'enchante, j'irai le reprendre à vos pieds.

Et, tout bas, il ajouta :

— La comédie a réussi !... — Cydalise est domptée ! — je n'ai plus rien à craindre !...

XLIX

PHILIPPE TALBOT.

Le baron de Lascars, au souper, fut placé à la droite de mademoiselle Hermine, et par conséquent presque en face de Philippe Talbot.

Pendant la plus grande partie du repas il observa le vieillard, et il fut frappé de la justesse des observations du chevalier de La Morlière à son sujet.

Il était impossible d'en douter, Philippe cherchait dans l'orgie non pas le plaisir, mais l'oubli. — Il voulait s'étourdir et il n'y parvenait qu'à peine.

Un valet, debout derrière lui, versait dans son verre les vins les plus capiteux ; il vidait sans relâche ce verre incessamment rempli, et cependant nul symptôme d'ivresse n'apparaissait sur son visage, car aucun excès ne pouvait entamer cette nature de granit et d'acier, inébranlable et indestructible...

Après le souper, on joua.

Philippe Talbot gagna froidement quelques poignées d'or et, généreux, comme Jupiter auprès de Danaé, il fit ruisseler ce brillant métal sur la robe rose de la blanche Hermine...

Lascars ne toucha pas une carte et il se retira de bonne heure. — La présentation était faite, — il avait ses entrées dans l'hôtel de la rue Culture-Sainte-Catherine, — il pouvait compter sur l'obéissance aveugle de La Morlière, — il se sentait certain désormais de conduire jusqu'à son dénoûment terrible le drame préparé par lui...

Le lendemain Lascars quitta Paris pour quelques heures, non par la voiture publique de Saint-Germain, mais avec un carrosse de louage qu'il laissa dans une auberge de Bougival, et il se rendit pédestrement à la maisonnette du Bas-Prunet, portant un écrin rempli de bijoux, premier cadeau du fiancé à la fiancée.

Il trouva Pauline, sinon triste du moins rêveuse, mais la jeune fille se reprocha bien vite sa froideur involontaire et elle s'efforça de témoigner, en revoyant son mari futur, plus de joie qu'elle n'en éprouvait réellement.

— Chère Pauline — dit Roland à la jeune fille lorsque sa visite lui parut suffisamment prolongée — il me faut vous quitter encore !... — plaignez-moi !... j'ai besoin de tout mon courage pour m'éloigner de vous ! mais je puise ma force dans la certitude que bientôt nous ne nous séparerons plus...

— Allez, mon ami... — répondit Pauline en tendant à son fiancé sa main charmante qu'il appuya contre ses lèvres — la séparation n'existe déjà plus entre nous, car, en votre absence, ma pensée est avec vous...

La pauvre enfant vivait loin du monde... elle ne savait point mentir, — elle ignorait le grand art des femmes, l'art de mettre les paroles et l'accent dans un accord parfait... — Ses lèvres seules venaient de parler ; — son cœur n'avait pas dicté sa réponse...

Pour un homme aussi profondément expérimenté que Lascars, la fausse note était manifeste...

— Allons — se dit-il en côtoyant la Seine dans la direction de Bougival — dût mon amour-propre en souffrir, aucune illusion n'est possible !.. — il faut bien me l'avouer, cette petite fille m'adore beaucoup moins que je ne l'avais cru d'abord !.. Peu m'importe, d'ailleurs !... — il ne s'agit point en tout ceci d'une passion, mais d'une affaire... — L'amour et les millions vont rarement de compagnie... Pauline Talbot deviendra ma femme... c'est tout ce qu'il me faut...

Lascars, en causant ainsi avec lui-même, atteignit la rustique auberge de la mère Durocher, auberge qui se trouvait située, nous le savons, presque en face du Moulin-Noir.

Il échangea quelques paroles avec la veuve à laquelle il emprunta l'un de ses bateaux pour traverser la rivière, et il arriva en quelques minutes à la première marche de son petit débarcadère.

Sauvageon, attiré par le bruit, sortit du vieux bâtiment ; — en apercevant son maître il multiplia les exclamations de joie.

— Ah ! mille charretées de diables, petits et gros ! — s'écria-t-il — quelle réjouissance !.. voilà deux jours qui m'ont semblé plus longs qu'une année tout entière !.. foi de bon garçon, je commençais à me figurer que monsieur ne reviendrait pas !...

— Ainsi, vous êtes satisfait de me revoir, compère Sauvageon ? — demanda Lascars.

— J'en suis transporté d'allégresse !.. — je ne sais

pas comment ça se fait, mais je ne peux plus quitter monsieur...

— Voilà qui se trouve à merveille, car je suis revenu tout exprès pour vous chercher... — Êtes-vous en état de m'accompagner dès aujourd'hui?...

— J'irai au bout du monde s'il le faut...

— Vous êtes donc guéri complètement?

— Oui, de fond en comble.

— Eh bien, nous partirons dans une heure...

— Monsieur me permet-il de lui demander si nous irons bien loin?..

— A Paris.

Sauvageon fit une légère grimace.

— On dirait que cela ne vous convient pas... — continua Lascars.

— Avec monsieur, tout me convient... seulement, j'ai peur...

— De quoi?...

— De rencontrer *les Lapins*... mes anciens clients... j'ai dans l'idée que ces gredins-là me feraient un mauvais parti...

— Soyez sans inquiétude... — si vous les rencontrez par hasard, (ce qui me paraît invraisemblable), ils ne pourront vous reconnaître sous une livrée splendide...

— Je vais donc porter la livrée?...

— Oui. — Cela ne vous humiliera point, j'imagine...

— Ah! monsieur! c'était mon rêve!... avec dix à douze aunes de galon sur le corps, on a tout de suite l'air de quelque chose!... — le premier venu saura, rien qu'en me regardant, que j'ai la gloire d'approcher un personnage d'importance...

— Vous aurez soin, à l'avenir, de m'appeler *monsieur le baron*... — reprit Lascars.

6.

— Monsieur est baron !.. — s'écria Sauvageon tout rayonnant — Tonnerre !... — quel honneur pour moi !.. — Je sollicite de monsieur le baron une grâce, une faveur, un bienfait.

— Lequel ?

— Que monsieur le baron daigne me tutoyer...

— Rien de plus facile, — et je commence à l'instant même... — tu es un coquin réjouissant !..

— Monsieur le baron me comble... — foi de Sauvageon, je ne me sens pas d'aise...

— A propos, je te débaptise...

— Ah ! par exemple, voilà une fameuse idée !... — je ne pouvais pas souffrir mon nom... — Comment m'appellerai-je à l'avenir ?..

— Je te donne à choisir entre *Lafleur* et *Jasmin*...

Je n'hésite pas, monsieur le baron... — Je choisis *Jasmin*... c'est joli, c'est coquet, c'est délicat, ça embaume !.. — Voilà un nom qui doit plaire aux femmes !.. depuis que je le porte je me sens tout mignon...

Lascars et le nouveau Jasmin — (que nous continuerons à désigner sous l'appellation de Sauvageon lorsque nous aurons à parler de lui) — fermèrent la porte du Moulin-Noir et prirent le chemin de Paris où ils s'installèrent dans un petit logement garni, loué l'avant-veille par le baron...

Ce dernier, à peine arrivé, fit sa toilette et se rendit à l'hôtel de la rue Culture-Sainte-Catherine. — Il n'y avait ce soir-là ni jeu, ni souper. — Hermine figurait à l'Opéra dans un ballet nouveau, et Philippe Talbot montait en voiture pour l'applaudir.

Il offrit une place dans sa loge à Roland qui s'empressa d'accepter et qui, pendant ce tête-à-tête de quelques heures, déploya toutes les ressources de son esprit brillant, et mit en œuvre ses roueries les plus transcendantes pour faire la conquête du vieillard.

Hâtons-nous d'ajouter qu'il en vint complètement à bout, et que Philippe Talbot, — (qui n'était rien moins qu'un homme ordinaire), — apprécia selon leur valeur la haute courtoisie du baron, l'exquise urbanité de ses manières, sa conversation étincelante et variée, et lui témoigna d'une façon cordiale le plaisir qu'il éprouvait en sa compagnie et son vif désir d'entamer avec lui des relations intimes et fréquentes.

Lascars se montra touché et reconnaissant ; — il parla chaleureusement de la sympathie soudaine et irrésistible qu'il avait éprouvée dès l'abord pour Philippe Talbot, et il promit de devenir l'un des plus assidus parmi les commensaux de l'hôtel.

— Quoique jeune encore — ajouta-t-il, — j'ai vécu beaucoup, j'ai trop vécu peut-être, je trouve maintenant plus de fatigue que de jouissance dans les joies mondaines et dans les réunions bruyantes... Je viendrai donc vous chercher de préférence lorsque vous serez seul ; — nous pourrons alors causer longuement et familièrement comme aujourd'hui... — Le soir, ne comptez pas sur moi... — au milieu de vos fêtes, ma présence vous serait inutile, car nous serions toujours séparés de l'un l'autre par la foule qui se presse autour de vous...

— Voilà de bonnes paroles ! — répondit Philippe Talbot d'une voix émue. — Elles me prouvent que c'est pour moi, et rien que pour moi, que vous viendrez !... — vos visites me rendront heureux, mon cher baron, oh ! bien heureux, et chacune d'elles vous sera comptée comme une action charitable, car la solitude est lourde, croyez-le, au vieillard sans famille qu'entourent de nombreux parasites, mais qui, jusqu'à ce soir, n'avait pas un ami...

Ces derniers mots furent prononcés avec un profond accent de mélancolie.

— Ah! monsieur — murmura Lascars, — vous jugez sévèrement le monde!... vous le voyez sous de sombres couleurs!..

— Je le vois tel qu'il est... — je le juge avec une expérience acquise à mes dépens et chèrement payée... — j'ai passé l'âge des illusions et je sais qu'un vide absolu succéderait d'une heure à l'autre à l'empressement qu'on me témoigne, si les fêtes que je donne et l'or que je répands n'attiraient dans mes salons une foule avide et indifférente.

— Ce que vous dites peut être vrai, monsieur, en thèse générale.. — répliqua Lascars — mais il doit y avoir des exceptions...

— Je n'en connais pas...

— Dans cette foule dont vous parlez, n'aimez-vous donc personne et croyez-vous que personne ne vous aime ?...

Philippe Talbot secoua la tête.

— Mademoiselle Hermine, cependant... commença le baron.

Le vieillard l'interrompit avec un sourire, et répondit :

— Hermine est pour moi quelque chose d'à peu près semblable à ces brillants oiseaux des tropiques qu'on enferme vaniteusement dans une volière dorée, qu'on nourrit de biscuits, qu'on abreuve de vins d'Espagne, et dont on admire le caquet frivole et le plumage incomparable... — Hermine me distrait et m'amuse... — mais l'aimer, que Dieu m'en préserve ! — et d'ailleurs, pourquoi l'aimerais-je ?... — mes cheveux sont plus blancs que la neige sous la blanche poudre qui les parfume... — mon cœur est mort pour l'amour... bien mort, et depuis bien longtemps !... — J'ai trop de bon sens pour être dupe au point de croire au sentiment tendre d'une belle enfant pour un vieillard !— Hermine me donne sa jeunesse en échange de ma fortune... elle sera riche, et nous serons quittes...

— Soit ! — dit Lascars — mais l'amitié?... — d'où vient que vous la niez aussi ?...

— Parce que je ne l'ai jamais rencontrée...

— Elle existe, pourtant...

— D'accord... mais où est-elle ?... — J'ai vieilli sans presser dans les miennes la main d'un ami sincère... — et pourtant cet ami, Dieu m'en est témoin, je l'appelais de tous mes vœux...

— Monsieur, — murmura Lascars en jouant l'émotion avec un talent de premier ordre, inimitable — prenez la main que je vous tends... c'est une main loyale... — l'ami si longtemps attendu, ce sera moi, si vous le permettez...

Philippe Talbot pâlit visiblement sous son rouge. Une agitation quasi fébrile s'empara de lui. — Ses yeux se remplirent de larmes, ses deux mains s'étendirent tremblantes vers Lascars, et il ne put que prononcer d'une voix à peine distincte, ces deux mots :

— Merci... J'accepte...

Lascars commanda à son visage de rester muet et de ne point refléter l'orgueilleux triomphe qui s'épanouissait dans son âme, et il se dit tout bas :

— La partie est gagnée !...

L

QUI SE RAPPROCHE DU DRAME

La partie était en effet gagnée, et gagnée si parfaitement qu'au bout de huit jours à peine Philippe Talbot ne pouvait plus se passer de son nouvel et intime ami.

Lascars, de son côté, semblait goûter chaque jour un plaisir plus vif dans la société du vieillard, auquel il consacrait toutes les heures qu'il ne passait point au Bas-Prunet près de sa fiancée.

Il avait fait l'acquisition d'un cheval de race barbe, aussi remarquable par son énergie que par la beauté de ses formes, et trois fois par semaine il franchissait avec une rapidité presque fantastique les quatre lieues qui séparaient Paris de la maisonnette de Pauline Talbot.

A chacune de ces visites il offrait à la jeune fille quelque nouveau présent d'une richesse et d'une élégance incontestables. — Pauline accueillait ces preuves d'amour avec un sourire résigné plutôt que joyeux ; — madame Audouin poussait des cris d'enthousiasme, et s'extasiait pendant des heures entières sur la galanterie et sur le bon goût d'un fiancé si parfait, si incomparable.

— Ah ! chère enfant de mon cœur — murmurait-elle à l'oreille de l'orpheline, en l'embrassant avec cette tendresse exubérante qui débordait en elle — ah ! chère enfant, que tu seras heureuse !

Pauline était bien loin d'envisager l'avenir sous des couleurs aussi riantes, mais comme elle ne voulait point troubler la joie de sa gouvernante, et comme d'ailleurs la tristesse vague qui la dominait ne reposait sur aucun fondement sérieux, elle balbutiait :

— Oui, ma bonne Audouin... bien heureuse...

— Tu n'oublieras jamais, je l'espère, que tu me dois ton bonheur... — reprenait la digne femme. — Car enfin tu hésitais, ma chérie, et j'ai vu presque le moment où, sans moi, tu refusais net... — Eh ! mon Dieu, c'est naturel, après tout ! — dans ces jeunes cervelles, il y a tant de folie et si peu de raison !

Pauline répondait doucement :

— Tu m'aimes comme m'aurait aimé ma mère et je n'oublierai rien de ce que je te dois, sois-en sûre...

Madame Audouin embrassait de nouveau l'orpheline, et détournait la tête pour essuyer ses yeux remplis de larmes d'allégresse et d'attendrissement.

Lascars, lui, s'apercevait de plus en plus de la froideur persistante de Pauline Talbot, et de l'involontaire éloignement qu'elle essayait en vain de lui dissimuler.

Il s'étonnait bien un peu de la manière brusque, imprévue, sans transition, dont cette froideur et cet éloignement avaient remplacé la vive sympathie que lui témoignait la jeune fille lorsqu'elle ne voyait en lui qu'un frère, qu'un ami, qu'un sauveur, et pas encore un futur époux, mais nous savons déjà qu'il ne s'en préoccupait point outre mesure, et nous connaissons les raisonnements grâce auxquels il s'en consolait.

Revenons à Paris.

Un soir — quinze jours environ après le long entretien de Philippe Talbot et de Lascars — ce dernier rentra plutôt que de coutume dans le petit logement meublé qu'il occupait avec Sauvageon.

Il avait la physionomie animée, le sourire radieux, l'œil étincelant d'un triomphateur. — Évidemment quelque chose de très heureux pour lui venait de se passer.

— Jasmin... — dit-il en traversant l'antichambre.

— Monsieur le baron?

— Suis-moi... j'ai à te parler...

Sauvageon s'empressa d'obéir.

— Je t'ai promis de faire ta fortune... — commença Roland.

— Voilà une chose que je n'aurai garde d'oublier! — murmura le valet.

— Le moment approche où ma promesse se réalisera.

— Ah! monsieur le baron, quelle bonne nouvelle!

— Ton rôle va commencer... — il sera facile... — Si tu le joues avec intelligence et conscience, le résultat ne se fera point attendre et dépassera tes espoirs les plus ambitieux...

— Quelque chose qu'il faille faire, je suis prêt, et monsieur le baron sera content de moi...

— Nous nous séparerons demain...

— Comment, — s'écria Sauvageon, — monsieur le baron m'éloigne de sa personne?...

— Oui... momentanément... — mais tu ne me quitteras que pour me mieux servir...

— A la bonne heure !... — si c'est comme ça tout est bien... — où monsieur le baron m'envoie-t-il?

— Tu vas faire partie de la maison d'un homme très riche... un vieillard... monsieur de la Boisière... — tu arrives à Paris... — tu étais en province, dans la Touraine, au château d'Orval, premier valet de chambre de l'un de mes parents éloignés, le comte d'Orval, qui vient de mourir... — te rappelleras-tu ces noms?...

— Le château d'Orval... le comte d'Orval... la Touraine... oh parfaitement... — j'ai bonne mémoire...

— Je t'ai recommandé vivement à M. de La Boisière, — continua Lascars, — je lui ai répondu de toi, et il te prend à son service en qualité de second valet de chambre... ton nouveau maître ne t'adressera probablement aucune question... — si par hasard il t'interrogeait tu pourrais lui répondre en toute assurance selon ton inspiration du moment, puisque personne ne serait là pour te démentir...

— Que monsieur le baron soit tranquille... — je m'en tirerai sans embarras...

— Je te recommande d'être peu communicatif dans tes rapports avec les autres valets, tes camarades. — Il n'y aurait pas grand mal à passer vis-à-vis d'eux pour un sournois... — Ne leur parle de moi d'aucune manière... — il est bon qu'ils ignorent que ma recommandation t'a fait admettre... — Lorsque tu me verras à l'hôtel, ne sois avec moi ni plus empressé, ni plus respectueux qu'avec les autres visiteurs.

— Je me conformerai religieusement à ces prescriptions... — En dehors de cela, qu'aurai-je à faire?...

— Ton service auprès de ton maître, d'une façon très zélée et très assidue...

— J'entends bien, mais je demande ce qu'il faudra faire pour être utile aux intérêts particuliers de monsieur le baron?...

— Absolument rien qu'attendre mes ordres et te tenir prêt à agir quand tu les auras reçus..

— Si c'est tout mon rôle, il n'est pas malaisé...

— Il est possible qu'il le devienne, d'une heure à l'autre, plus que tu ne peux le prévoir en ce moment... — il me reste maintenant à t'adresser une recommandation de très haute importance...

— Je t'écoute de toutes mes oreilles...

— Tu vas te trouver dans une maison riche, et je te crois la main légère...

— Ah! monsieur le baron! murmura Sauvageon avec dignité.

— Ce n'est point un reproche que je formule, c'est une opinion que je manifeste, — répondit Lascars en souriant, — et les opinions sont libres... — veille donc sur tes instincts pillards!... — ne succombe pas à la tentation, lors même que les occasions les plus belles s'offriraient à toi! lors même que des bourses pleines d'or sembleraient égarées dans tous les coins!... — Ceci est indispensable, et la moindre infraction à cette règle amènerait infailliblement la ruine de nos communes espérances...

— Monsieur le baron, — répliqua Sauvageon d'un ton convaincu, — je me couperais sans hésiter la main droite plutôt que de lui laisser faire de ses cinq doigts un mauvais usage...

— Je prends acte de ta promesse, — dit le baron, — et je compte, dans ton intérêt comme dans le mien, que tu ne l'oublieras point... — voici quelques louis ; — rends-toi tout de ce pas chez un fripier, et fais l'emplette d'un costume noir complet pour remplacer ma livrée que tu ne peux porter plus longtemps... — je vais, pendant ton absence, écrire la lettre d'introduction que tu remettras demain matin à M. de la Boisière...

Le lendemain en effet, Sauvageon, ou plutôt Jasmin, vêtu de drap fin de la tête aux pieds comme un huissier de ministère, faisait son entrée à l'hôtel de la rue Culture-Sainte-Catherine.

Philippe Talbot lui trouvait la physionomie suspecte, le regard fuyant, la mine hypocrite d'un renard qui flaire un poulailler, mais il se disait à lui-même :

— Il ne faut point juger les gens sur l'apparence, et, puisque le baron de Lascars me répond de ce valet, c'est que le pauvre diable vaut mieux que sa figure...

Presque chaque jour Roland et le chevalier de La Morlière se rencontraient en un lieu convenu à l'avance, et de temps en temps ils prenaient ensemble leur repas au cabaret du *Chariot d'Or*, où leur connaissance s'était faite.

Un soir, trois semaines après la présentation de Lascars à Philippe Talbot, le chevalier arriva d'un air sombre et presque sinistre à la taverne de la rue Saint-Honoré. — Il avait les sourcils froncés, l'œil mauvais, le teint pâle, la lèvre querelleuse, bref, toute la mine d'un homme mécontent de lui-même et des autres...

Lascars était arrivé depuis quelques minutes et venait de s'asseoir à une petite table au fond de la grande salle à peu près vide.

— Eh! bon Dieu, — chevalier, dit le baron en riant, — que vous est-il donc arrivé?... venez-vous d'assister au convoi funèbre de votre maîtresse ?... — d'honneur vous avez ce soir un visage lugubre à porter le diable en terre !

— Par la mordieu, il y a de quoi ! — répliqua le jeune homme d'un ton raide.

— Expliquez-vous ! — reprit Roland, — dites-moi quelle infortune inouïe vous a si complètement foudroyé... — Enfin qu'avez-vous ?

Pour toute réponse, La Morlière frappa sur ses poches.

Aucun son métallique ne s'en échappa.

— Qu'entendez-vous ? demanda-t-il.

— Rien.

— Eh ! bien, voilà justement ce que j'ai, — je n'ai plus rien...

— Comment, vos quatre mille livres ?...

— Evanouies ! évaporées ! disparues ! — il ne me reste pas quinze sous ! est-ce assez de guignon ! suis-je assez malheureux !

— Peste ! le fait est que vous allez bien ! — trente quatre mille livres en moins d'un mois ! Tudieu ! quel gouffre ! — savez-vous qu'à dévorer ainsi les billets de banque, vous dépassez de beaucoup Cléopâtre, qui du moins ne buvait qu'une perle par an ! — la fortune tout entière de Philippe Talbot ne durerait pas une année entre vos mains...

— C'est possible, mais le jour viendra, et ce jour est proche, où je prendrai largement ma revanche, et où je regagnerai en une heure beaucoup plus que je n'ai perdu !

— Je la souhaite pour vous, chevalier...

— Mais — reprit La Morlière — en attendant je suis

à sec ! complètement à sec... — vous comprenez mon cher baron, ce que cela veut dire...

— Je comprends que vous avez compté sur moi...

— Naturellement...

Lascars secoua la tête, de l'air d'un homme qui trouve la chose moins naturelle que son interlocuteur ne veut bien le dire.

— Comment ? — demanda vivement le chevalier — est-ce que je me trompe ? est-ce que je n'ai pas le droit de compter sur vous ?...

— Non, certes, puisque vous avez déjà reçu de moi une avance de quatre mille livres, et que je ne vous ai encore rien demandé en échange...

— Sans doute, mais il existe entre nous une convention, et je suis prêt à en remplir les clauses...

— J'ai renoncé presque entièrement au projet dont nous avons parlé il y a quelques semaines... dit Lascars d'un air indifférent.

— Ah ! baron — s'écria La Morlière — est-il bien possible qu'un homme positif comme vous ait des irrésolutions dont une femmelette serait honteuse !... je vous croyais incapable de ces défaillances !...

— Ah ! ça vous tenez donc beaucoup à vous battre avec ce pauvre Philippe Talbot ? — demanda Roland.

— Je n'y tiens pas le moins du monde, au contraire... — seulement je tiens plus que je ne saurais le dire à gagner l'argent promis...

— Eh ! bien, soit... — la rencontre aura lieu, puisque vous le désirez si fort...

— Grand merci... — mais songez que j'ai hâte... — ne me faites pas trop attendre...

— Soyez tranquille... — vous attendrez peu ! — soupe-t-on ce soir à l'hôtel ?...

— Oui, car Hermine ne danse pas...
— Eh! bien, la provocation peut avoir lieu aujourd'hui même... — dinons légèrement, chevalier, nous souperons rue Culture-Sainte-Catherine...
— Vous m'accompagnerez donc?
— Bien entendu.
— Et, vous êtes certain que Philippe Talbot me provoquera?...
— Aussi certain que je le suis de vous voir en ce moment vis à vis de moi...
— Mais quel sera le prétexte de la scène violente que vous prévoyez?...
— Il vous suffira pour amener cette scène de vous conformer exactement à mes instructions...
— Seront-elles longues et compliquées?
— Non, elle seront courtes et simples.
— Quand me les donnerez-vous?
— Tout de suite.
— Qu'aurai-je à faire?...
— Porter une santé, et raconter une courte histoire...
— Une santé, dites-vous... — laquelle?
— La santé de Caïn...

LI

LA SANTÉ DE CAÏN.

— *La santé de Caïn...* — répéta le chevalier de La Morlière avec un étonnement profond.
— Tout simplement... — répondit Lascars.
— Je ne comprends pas.
— Vous n'avez pas besoin de comprendre...
— Et l'histoire qu'il faudra que je raconte?
— Je vais vous la dire... vous n'aurez qu'à la répéter.

. . . .

La conversation du baron et du chevalier se prolongea pendant quelque temps encore, puis les deux hommes se séparèrent pour aller s'occuper de leur toilette, et au bout d'une heure à peu près ils faisaient leur entrée, mais non point ensemble, dans l'hôtel de la rue Culture-Sainte-Catherine.

En traversant le vestibule, Roland rencontra Sauvageon qui le salua de façon très-humble ; — il lui fit signe de s'approcher et, tandis que le valet le débarrassait de son *surtout*, il lui dit d'une voix basse :

— Fais en sorte d'être sur mon passage cette nuit... il est indispensable que je te parle avant de quitter l'hôtel.

— J'aurai soin de sortir le moins possible de ce vestibule — murmura Sauvageon — et je guetterai le départ de monsieur le baron.

— C'est bien...

Roland franchit le seuil du premier salon, déjà plein de monde, car les invitations de Philippe Talbot, ou plutôt celles de mademoiselle Herminie, avaient été, ce jour-là, plus nombreuses que de coutume.

Philippe, dont la haute taille dominait les groupes, aperçut Lascars; — une expression de joie se peignit sur son visage fardé comme celui d'une danseuse; — il traversa rapidement la foule pour marcher à la rencontre du nouvel arrivant, et il lui dit, en lui serrant la main avec effusion:

— Voilà certes une bonne fortune que je n'espérais pas, et dont je suis heureux et reconnaissant!... — merci, d'être venu, cher baron!... merci d'autant plus que je sais combien peu de plaisir vous trouvez dans les réunions mondaines.

— Ma présence ici, ce soir, est à peine volontaire... répondit Roland avec un sourire. — Je me suis senti tout le jour horriblement triste, et le désir impérieux de me voir auprès de vous, mon ami, s'est emparé de moi...

— Pourquoi cette tristesse dont vous me parlez?... demanda Philippe avec empressement.

— Je ne le sais pas moi-même.

— Avez-vous eu quelque sujet de peine ou d'ennui depuis ce matin?

— Aucun... c'est à votre sujet, mon ami, que cette

inquiétude vague et sans cause s'est emparée de moi... J'avais comme un pressentiment... il me semblait que quelque chose de funeste allait vous arriver... — Ceci est absurde, c'est clair, mais je n'en éprouvais pas moins le besoin de vous voir pour me rassurer tout à fait.

Philippe Talbot serra de nouveau la main de Lascars.

— Cher baron, — murmura-t-il à son oreille, — vous êtes un cœur d'or, et vous me faites penser, non sans un attendrissement profond, à la fable si touchante du bon La Fontaine.

— Laquelle? demanda Lascars.

— Celle des deux amis du Monomotapa.

Le baron allait répondre. Il en fut empêché par le chevalier de La Morlière qui s'approcha pour saluer le maître du logis.

Ce dernier lui rendit son salut avec une visible nuance de froideur, et le chevalier — pirouettant sur ses talons, se perdit dans la foule.

— Connaissez-vous ce jeune homme? demanda Philippe Talbot au baron.

— Oh! fort peu... — répondit Lascars, — je sais cependant qu'il appartient à une excellente famille et qu'il se nomme le chevalier de La Morlière... Il me semble, mon ami, que vous l'avez accueilli tout à l'heure d'une façon quelque peu dédaigneuse...

— Il vous semble bien... — ce gentilhomme, — (car il est en effet bon gentilhomme) — ne possède, m'a-t-on dit, aucune espèce de ressources honorables... il ne se soutient à Paris qu'à l'aide de moyens honteux et de friponneries de toutes sortes; — sa réputation est exécrable déjà, quoi qu'il soit très jeune, et ceux qui le connaissent tiennent pour certain qu'ayant mal commencé il finira plus mal encore... — C'est d'aujourd'hui seulement que je sais tout cela, et les renseignements que j'ai reçus, venant de personnes sérieuses, m'inspirent une confiance absolue ; — bref, ce garçon, malgré sa naissance, ne saurait être admis dans la maison d'un honnête homme... il m'a été amené fort innocemment par Hermine ; — la chère enfant, dont le sens moral est peu développé, ne se montre pas difficile dans le choix de ses relations... — Cependant, pour l'amour d'elle et par respect pour moi-même, j'éviterai toute esclandre compromettante, je n'adresserai point la parole ce soir au chevalier de La Morlière, et demain matin il recevra chez lui l'avis officieux de ne plus se présenter à l'hôtel. Je pense que vous m'approuvez ?

— Je vous approuve entièrement, — répliqua Lascars, — rien ne me semble plus sage que le parti que vous prenez.

Et il se dit tout bas à lui-même :

— Il était temps d'agir !... un jour de plus, et le succès devenait incertain.

— Du reste, — continua Philippe Talbot, — ce La Morlière m'a toujours déplu, malgré la beauté de son visage et l'élégance de sa tournure... — je lui trouvais je ne sais quoi de faux dans le regard et de venimeux dans le sourire... On ne m'étonnerait point en m'apprenant qu'il est mon ennemi, quoique je ne lui aie jamais fait de mal.

— Si telle est votre pensée, — répondit vivement Lascars, — vous avez tort, selon moi, de tolérer sa présence ici, ne fut-ce que pendant une heure... — voulez vous que je le prenne à l'écart, et qu'à l'instant même je le congédie ?

— Gardez-vous en bien, cher baron !... s'écria le

vieillard, — je ne veux ni bruit, ni scandale, je vous le répète, et les choses s'arrangeront demain d'une façon toute pacifique...

— Vous êtes le maître, mon ami !... Que votre volonté soit faite !...

Le maître d'hôtel vint annoncer que le souper était servi. — On passa dans la salle à manger, chacun prit place selon sa fantaisie autour de la vaste table chargée de lumières, de fleurs, de cristaux, et d'une orfèvrerie splendide.

Philippe Talbot avait retenu Lascars pour le faire asseoir à sa droite, en témoignage d'estime et d'affection.

Le chevalier de La Morlière se trouvait à l'un des bouts de la table, entre deux femmes jeunes et jolies.

Dès l'abord, le repas fut très animé. Une gaîté fiévreuse animait les convives, et les vins d'Espagne et d'Ay, versés sans relâche, rendaient de minute en minute cette gaîté plus bruyante.

Trois personnages cependant ne prenaient qu'une part très incomplète à l'entrain général. — Ces trois personnages étaient Philippe Talbot, Roland de Lascars et le chevalier de La Morlière.

Le souper touchait à sa fin. — Le dessert venait d'être placé sur la table. — Un des convives se leva et, avant d'approcher de ses lèvres sa coupe de cristal que couronnait une mousse rosée et pétillante, il s'écria dans le plus mythologique de tous les langages :

— Mesdames et messieurs, je bois à la déesse de grâce et de beauté qui est la reine de ce logis et qui nous y rassemble ! à la rivale de Vénus ! à la blanche Hermine, enfin, dame suzeraine de Cythère, Paphos, Amathonte et autres lieux !

Des applaudissements unanimes accueillirent ces paroles; — toutes les voix répétèrent : — *à la santé d'Hermine!...* — Tous les verres furent vidés avec une précision merveilleuse et une rapidité incomparable.

Le signal venait d'être donné.

Plusieurs convives prirent la parole les uns après les autres, et portèrent successivement des santés galantes, accueillies avec une inépuisable faveur.

Depuis quelques instants le chevalier de La Morlière était en proie à une agitation que personne ne remarquait, excepté Lascars. — Sa figure devenait tour à tour écarlate et livide, et de grosses gouttes de sueur perlaient sur son front et sur ses tempes à la racine de ses cheveux.

Tout-à-coup il saisit dans un rafraîchissoir de vermeil une bouteille d'Ay frappé; il remplit son verre d'une façon si brusque et d'une main si tremblante qu'un flot de vin s'échappa du cristal, jaillit sur la nappe, et, chose plus grave, inonda les robes éclatantes des voisines du chevalier, ce qui provoqua tout à la fois le rire et la colère de ces jolies filles.

Aussitôt après La Morlière se leva, visiblement ému.

— A mon tour, mesdames et messieurs!... — dit-il d'une voix rauque, mais très forte, — faites-moi raison, tous! je bois à la santé de Caïn!

Un mouvement de surprise générale suivit cet étrange toast.

Philippe Talbot tressaillit et se souleva à demi sur son siège, comme si l'étincelle d'une machine électrique venait de le toucher. — En même temps ses traits se contractèrent et prirent une expression effrayante.

Lascars se pencha vivement vers lui.

— Mon ami, lui demanda-t-il, qu'avez-vous?

— Je n'ai rien... répondit le vieillard d'un ton presque farouche, que voulez-vous que j'aie?

Tandis que ces quelques mots s'échangeaient à voix basse entre le baron et le maître du logis, les convives exprimaient tout haut leur étonnement à propos des incompréhensibles paroles prononcées par La Morlière.

— Que veut-il dire?... — s'écriaient les uns.

— Quelle est cette folie lugubre? — demandaient les autres.

— Chevalier, mon ami, tu perds là tête, c'est évident!

— Chevalier, mon ami, tu as l'ivresse peu réjouissante!

La Morlière, toujours debout, imposa silence d'un geste impérieux aux exclamations et aux interpellations qui s'élevaient autour de lui.

— Vous ne me comprenez pas, — reprit-il, — ou du moins vous ne me comprenez pas tous..... Eh! mordieu! je le sais bien! mais soyez tranquilles; je vais m'expliquer!... — Vous vous figurez que Caïn n'existe plus, et qu'il est mort aux temps bibliques... — Mes amis, c'est une erreur!... — Caïn est vivant; — Caïn est riche; — il a table ouverte, — il vous invite, et vous tenez à grand honneur d'être de ses amis!... — un jour un homme est venu lui dire : — *Je suis perdu si tu ne me tends la main!* — *Sauve-moi! sauve mon enfant!*... Cet homme était son frère... Caïn a répondu : — *Va-t'en!... je ne te connais pas!*... le frère est mort dans l'abandon... — l'enfant, sans doute a suivi son père!... Caïn, plus riche que jamais, vit en joie et donne des fêtes!... — Allons, mes amis, buvez tous! buvez à la santé de Caïn, et, quand vous aurez bu, j'arracherai le masque et je vous dirai: *Voilà l'homme !*

En prononçant ces derniers mots, La Morlière porta son verre à ses lèvres.

Il n'eût pas le temps de le vider.

Philippe Talbot, quittant sa place, venait de bondir jusqu'à lui comme un jaguar, et brisait sur les dents du jeune homme le cristal fragile en balbutiant, d'une voix étouffée par la fureur :

— Ah ! misérable ! misérable !..

LII

PROVOCATION

On comprend quelle impression de stupeur et d'épouvante cette violence foudroyante produisit, non seulement sur celui qui en était victime, mais encore sur les spectateurs d'une scène à tel point inattendue.

Personne, excepté Lascars, ne connaissait les événements auxquels le chevalier venait de faire allusion.

Personne n'avait deviné que par le nom exécrable et maudit de *Caïn* il prétendait désigner Philippe Talbot...

Personne, enfin, ne s'expliquait l'effrayante colère du vieillard et, comme cette colère semblait sans motif, on l'attribuait généralement à un soudain accès de démence...

La Morlière, en exécutant les clauses abominables du pacte intervenu entre lui et Roland de Lascars, s'attendait bien à une provocation, mais non point à une agression si brusque et si terrible.

Son premier mouvement fut de saisir le couteau

placé devant lui sur la table, et de s'élancer pour frapper Philippe Talbot, mais plusieurs personnes se précipitèrent entre le jeune homme et le vieillard, et formèrent une muraille vivante qui les empêcha de se rejoindre.

La Morlière se débattait avec une fureur indicible entre les mains qui l'enlaçaient, et criait d'une voix à peine distincte, en essuyant ses lèvres sanglantes, déchirées par les fragments du cristal :

— Laissez-moi ! laissez-moi ! — je veux le tuer ! j'en ai le droit !..

On lui maintint les bras et on parvint à lui arracher son couteau.

Se voyant désarmé il se calma tout à coup, et on l'entendit murmurer, comme se parlant à lui-même :

— C'est bien.., — je te tuerai demain...

Pendant ce temps une confusion inouïe régnait dans la vaste salle à manger. — Tout le monde parlait à la fois. — Les femmes poussaient les hauts cris, et mademoiselle Hermine, en sa qualité de quasi-maîtresse de la maison, jugeait convenable de simuler une violente attaque de nerfs.

Cette confusion et ce brouhaha durèrent quelques minutes, puis Philippe Talbot, rentré complètement en possession de son sang-froid, domina le tumulte et dit d'une voix ferme et sonore :

— Je vous demande pardon à tous de ce qui vient de se passer... — j'aurais dû me souvenir de ce que je devais à mes hôtes, et, par respect pour eux, remettre à plus tard le châtiment d'une insulte impardonnable... — je n'ai pas été le maître de moi-même... j'ai eu tort... — encore une fois recevez mes excuses, et songez que certains outrages rendent impuissante la volonté la plus forte...

Un silence général accueillit ces paroles.

Philippe Talbot continua :

— Monsieur de La Morlière, je me tiens pour offensé mortellement, et j'exige de vous une prompte réparation.

— Je pourrais discuter l'offense... — répliqua le chevalier avec ironie, — je pourrais soutenir que la main qui frappe répondant à une parole de gentilhomme par une violence de laquais, constitue la seule et véritable insulte... je pourrais réclamer le choix de l'arme et du jour, le choix de l'heure et du terrain... — Mais tout m'est pourvu que je me venge et que ma vengeance arrive vite !... — Soyez donc l'offensé, monsieur Talbot de La Boisière, j'y consens !.. — j'accepte d'avance ce que vous déciderez, pourvu que vous ne me fassiez point languir..

— Soyez tranquille, — dit le vieillard. — Vous ne languirez pas... je choisis l'épée.

Les yeux du chevalier étincelèrent.

— Va pour l'épée !.. — murmura-t-il.

— Nous nous battrons demain, continua Talbot.

— J'y compte !..

— Au bois de Vincennes...

La Morlière fit un signe affirmatif.

— A huit heures du matin — poursuivit le vieillard — et le lieu du rendez-vous sera la grille la plus proche du pavillon du garde, du côté de Saint-Mandé...

— C'est entendu... — dit le chevalier.

Philippe Talbot se tourna vers Lascars et vers un autre gentilhomme, qui se trouvaient l'un et l'autre à côté de lui.

— Monsieur le baron de Lascars, monsieur le comte de Guibray, leur demanda-t-il, me ferez-vous l'honneur de me servir de témoins.

— Oui, certes et de grand cœur !.. — répondirent à la fois Roland et M. de Guibray.

— Merci, messieurs... — je n'attendais pas moins de votre bienveillante courtoisie.

La Morlière prit à partie deux jeunes gens et leur adressa la même requête. — Tous deux accueillirent cette demande par un refus, dans la crainte bien naturelle de paraître prendre parti contre l'hôte à la table duquel ils s'asseyaient un instant auparavant.

Philippe Talbot comprit le motif de ce refus et il en apprécia toute la délicatesse.

— Acceptez, messieurs dit-il, c'est moi qui vous en prie... — bien loin de me blesser vous me ferez honneur... — je serai certain, du moins, de trouver une loyauté parfaite chez les témoins de mon adversaire...

— Puisqu'il en est ainsi, monsieur — répliqua l'un des jeunes gens — nous nous mettons aux ordres du chevalier de La Morlière...

Aussitôt que les préliminaires d'une rencontre pour le lendemain furent arrêtés, les convives, n'ayant plus rien d'immédiat à apprendre, et convaincus qu'après ce qui venait d'avoir lieu la fête ne pouvait se prolonger, se retirèrent rapidement et silencieusement, et au bout de quelques minutes l'hôtel de la rue Culture-Sainte-Catherine n'avait d'autres hôtes que le maître de le maison, le baron de Lascars, le comte de Guibray, et mademoiselle Hermine qui, à peu près remise de sa prétendue crise nerveuse, s'écria :

— Au nom du ciel... au nom de notre amour... renonce à ce funeste duel !... —Tu n'as pas le droit d'exposer ta vie... Elle m'appartient puisque nous nous aimons !... tu n'as pas le droit de risquer la mienne, et je ne pourrais te survivre, car si tu meurs je veux mourir... — Cruel, prends pitié de mes larmes !... — ne t'arrache pas de mes bras qui t'enlacent ! reste sur mon cœur qui t'adore !... — cet affreux combat me fait horreur !... tu n'iras pas !... tu n'iras pas !... !

Philippe Talbot arrêta la danseuse qui s'apprêtait à continuer.

— Ma chère enfant — lui dit-il — le moment est solennel... l'heure des choses sérieuses est venue. Tout ce que vous vous apprêtez à me réciter, je le sais sur le bout du doigt... — abstenez-vous donc, c'est le mieux, et retournez tranquillement chez vous... nous nous reverrons demain... si demain je reviens du bois de Vincennes...

Hermine plongea ses mains dans les boucles errantes de sa chevelure, comme pour les arracher violemment avec un geste de désespoir.

— Allons, allons, jeune folle — reprit Philippe en souriant — laissez en paix ces beaux cheveux... — si vous en perdiez une seule boucle, ce serait vraiment dommage, et vous auriez beaucoup de peine à vous en consoler... nous avons à causer, ces messieurs et moi, et je vais donner l'ordre de faire avancer votre carrosse...

Hermine balbutia:

— Vous me chassez !... ah ! Philippe Philippe, vous êtes bien cruel !...

Le vieillard fit un involontaire mouvement d'impatience et répondit :

— Non, ma chère enfant, je ne suis point cruel et je ne vous chasse pas le moins du monde, mais j'ai à m'occuper de choses graves et vous ne pouvez rester ici plus longtemps, je vous répète d'ailleurs que je vous reverrai demain...

La danseuse, comprenant que son insistance se briserait contre une volonté inébranlable, n'insista plus et prit le parti de démasquer ses batteries.

— Hélas! mon ami — murmura-t-elle d'une voix dolente, en appuyant son mouchoir de dentelle sur ses beaux yeux pour essuyer des larmes absentes. — Hélas! il faut tout prévoir!... — si vous alliez ne pas revenir...

— Eh bien ?... — demanda Philippe Talbot.

— Que deviendrai-je, moi, seule au monde? continua la belle désolée.

Un nouveau sourire vint aux lèvres du vieillard.

— Cela vous inquiète?... — reprit-il.

— Naturellement, puisque, grâce à vos bontés, j'avais pris la douce habitude de compter sur vous pour toutes choses.

— Eh bien, mon enfant, rassurez-vous, et continuez à compter sur moi... — j'assurerai l'avenir comme j'assurais le passé.

— Vrai? — s'écria la jeune femme avec un transport de joie difficilement contenu, — vrai, vous penserez à moi?... — vous pourvoirez à mon existence en cas de malheur?...

— Je vous le promets...

— Puisqu'il en est ainsi, me voilà bien tranquille... reprit mademoiselle Hermine, je vous sais galant homme par excellence et tout à fait incapable d'oublier une telle promesse... — adieu donc, ou plutôt au revoir, car demain les choses iront au mieux, vous ne serez même pas blessé, et vous nous reviendrez vainqueur et plus aimable que jamais... à bientôt, mon ami... messieurs, votre servante...

Lorsque la danseuse eut disparu, le vieillard se tourna vers le baron de Lascars et vers le comte de Guibray.

— Si pourtant, à mon âge, on avait la folie de se croire aimé !... — leur dit-il — ah ! messieurs, quelle leçon !...

LIII

LA VEILLÉE DES ARMES

Aussitôt après que le protecteur de mademoiselle Hermine eut formulé la réflexion philosophique qui termine le chapitre précédent, l'entretien devint sérieux.

Il fut convenu que les deux témoins arriveraient le lendemain matin, à sept heures précises, à l'hôtel de la rue Culture-Sainte-Catherine, pour de là se rendre à Vincennes dans le carrosse de Philippe Talbot.

Il fut convenu en outre que le comte de Guibray amènerait avec lui son chirurgien, qui se trouverait ainsi sur le terrain, prêt à faire un premier pansement en cas de blessure grave.

M. de Guibray prit ensuite congé du vieillard, qui dit à Roland :

— Mon cher baron, si rien ne vous presse, voulez-vous me consacrer une heure encore?..

— J'allais vous demander la permission de ne pas vous quitter si vite... — répondit Lascars.

— Ah! — murmura Philippe — vous êtes bien un ami véritable! — pourquoi vous ai-je connu trop tard!..

Les deux hommes passèrent dans la chambre à coucher du vieux Talbot, qui se laissa tomber sur un siège avec accablement et reprit, au bout de quelques minutes de silence :

— Vous voyez combien j'avais raison de vous dire, au moment de votre arrivée, que ce chevalier de La Morlière m'était grandement suspect et qu'il me semblait voir en lui un ennemi... — Ce n'était que trop vrai, vous venez d'en avoir la preuve... — mais d'où provient sa haine?.. voilà ce qu'il m'est impossible de m'expliquer!.. — J'ai beau chercher... ma raison s'y perd...

— Vous comprenez, mon ami — répliqua Lascars — qu'il m'est parfaitement impossible de vous venir en aide sur ce point... — il est certain pour moi, d'après votre conduite, que les paroles du chevalier enfermaient une insulte bien grave et bien impardonnable, mais je ne puis deviner quelle est cette insulte...

— Parce que vous ne savez rien du passé... — dit Philippe Talbot — vous ignorez même, peut-être, que j'avais un frère...

— Je l'ignorais, j'en conviens... — mais je serais tout prêt à jurer sur l'honneur que vous n'avez point eu, vis-à-vis de ce frère, la conduite... un peu cruelle, dont a parlé le chevalier...

— Ne jurez pas! — répondit Philippe d'une voix sombre — les accusations de ce misérable La Morlière ne sont point sans fondements... — ma conscience m'a reproché plus d'une fois d'avoir été, sinon cruel, du moins inexorable... — Je fus coupable, peut-être, mais je puis faire valoir pour ma défense des excuses qu'aucun homme juste ne refusera d'admettre...

Un étonnement très bien joué se peignit sur le visage de Lascars.

— Mes paroles vous surprennent — continua le vieillard — elles vous alarment sans doute et déjà vous craignez d'avoir prêté trop légèrement votre appui à une mauvaise cause...

Lascars fit un geste pour protester. — Philippe Talbot reprit vivement :

— Je ne veux pas qu'il reste dans votre esprit un soupçon, un doute, un nuage... je vais me confesser à vous... écoutez-moi, mon ami, et soyez mon juge...

— Je serai pour vous l'auditeur le plus attentif... murmura le baron — mais je n'ai ni le droit, ni la volonté de juger vos actions...

Philippe Talbot, sans tenir compte de ces derniers mots, commença le récit des faits que nous avons entendu Pauline raconter à Lascars pendant la promenade nocturne à laquelle nous avons assisté.

— En m'enlevant le bonheur de ma vie, mon frère George n'avait-il pas brisé lui-même les liens qui nous unissaient ? — n'étais-je pas délié de tous devoirs vis-à-vis de ce frère devenu mon ennemi ?..

Telle fut la conclusion du récit de Philippe... Telles furent les interrogations adressées par lui à Lascars.

Ainsi mis en demeure, ce dernier évita de se prononcer d'une façon formelle en ces questions délicates.

— Sa réponse, volontairement un peu vague, ne fut ni une absolution ni un blâme.

— Si les torts que vous vous reprochez sont réels, — dit-il en terminant — ils ne relèvent que du tribunal de votre conscience, et personne au monde n'a le droit de vous les jeter au visage... — l'agression du chevalier de La Morlière est donc inqualifiable, et le châtiment de ce lâche insulteur sera juste...

— Ainsi — demanda Philippe Talbot, presque avec hésitation — vous m'estimez encore ?..

— En pouvez-vous douter ?

— Vous ne regrettez pas d'être mon témoin ?..

— Je considère comme un honneur la marque de confiance que vous m'avez donnée en vous adressant à moi...

— Ah! s'écria le vieillard — vos paroles me font du bien!.. — elles me soulagent d'un grand poids!.. — j'étais découragé tout à l'heure... sans espoir et sans volonté... maintenant la confiance et l'énergie me reviennent... je veux vivre!.. je défendrai ma vie, et je la défendrai bien, je vous le jure!.. — Savez-vous si le chevalier de La Morlière est un adversaire redoutable?..

— Je l'ignore... — répondit Lascars avec un merveilleux aplomb de mensonge.

Et il ajouta :

— Selon toute apparence il possède la fougue de la jeunesse, mais l'expérience et le sang-froid doivent lui manquer absolument...

— J'étais jadis un brillant tireur... — reprit Philippe Talbot — l'épée à la main je ne craignais personne et je l'ai prouvé dans plus d'un duel... mais, depuis ce temps, les années sont venues...

— Elles ont glissé sur vous sans laisser leur empreinte... répliqua Lascars — vous êtes fort et droit comme un chêne et vos muscles sont plus que jamais d'un acier de fine trempe...

— C'est vrai — fit le vieillard en souriant — la machine est solide encore, mais faute d'exercice la main se rouille, vous le savez aussi bien que moi...

— Il est facile de la dérouiller... vous avez des fleurets, à l'hôtel, sans doute...

— J'ai des fleurets et des épées de combat...

— Je vous propose un assaut de quelques minutes...

— J'accepte avec empressement.

Philippe Talbot passa dans un des cabinets de toilette attenant à sa chambre à coucher. — Il en revint avec deux fleurets qu'il prit par la lame pour les présenter à son témoin par la poignée.

Le baron se mit en garde. — Philippe Talbot engagea le fer.

Au bout de cinq minutes le vieillard s'arrêta.

— Ah çà mais, mon cher baron, — dit-il, — il me semble que voilà qui ne va pas mal, et je suis content de moi!... franchement, que vous en semble?...

— Vous avez, mordieu, grandement raison!... répondit Lascars, — vous n'avez rien perdu... — vous êtes au moins de ma force, et j'ai la plus parfaite conviction que le chevalier de La Morlière recevra demain matin la sévère leçon qu'il mérite... maintenant, mon ami, ma présence vous est inutile, et je vais prendre congé de vous...

— Déjà?...

— Dans votre intérêt même, il le faut... couchez-vous et dormez... — une nuit de calme sommeil, en reposant vos nerfs, vous donnera le coup d'œil juste et la main ferme.

— Avant de songer à dormir, — murmura Philippe Talbot, — j'ai à m'occuper de choses graves...

— Ces choses, ne pouvez-vous les remettre à plus tard ?...

— Non, mon ami, car demain, peut-être, il serait trop tard...

— De quoi s'agit-il donc ?

— De mes dispositions dernières... — il faut que j'écrive mon testament...

— A quoi bon ? — vous n'avez rien à craindre, j'en réponds sur ma vie... — vous sortirez vainqueur du combat...

— Je l'espère comme vous, mais la vie de l'homme est en... les mains de Dieu... à tout événement, il est bon d'être prêt...

Lascars ne pouvait insister à ce sujet.

Il embrassa très affectueusement Philippe Talbot et il se retira, en lui disant :

— A demain... — j'arriverai le premier...

Dans le petit salon qui précédait la chambre à coucher il trouva Sauvageon qui, tenant un flambeau à deux branches, se mit en devoir de le précéder à travers la longue enfilade des appartements de réception.

— Je ne puis te parler ici ; — lui dit-il tout bas, — je vais t'attendre dans la rue, à cent pas de la porte de l'hôtel, à droite... viens me rejoindre le plus tôt possible...

Sauvageon répondit par un signe de tête affirmatif, et Lascars alla se mettre en faction à l'endroit désigné.

Il n'attendit pas longtemps.

Au bout de cinq minutes à peine, Sauvageon arrivait auprès de lui et murmurait :

— Me voici aux ordres de monsieur le baron...

La rue était sombre ; — Lascars, par un coup d'œil rapide, s'assura qu'elle était déserte, et que par conséquent personne ne pourrait surprendre le secret de son entretien avec le valet de Philippe Talbot...

— Tu sais ce qui s'est passé ce soir à l'hôtel ?... — lui demanda-t-il.

— Oui, monsieur le baron, à peu près... j'étais dans la salle à manger, pour le service, quand l'événement est arrivé... — mais on a fait sortir les laquais et je n'ai pas vu jusqu'à la fin...

— Monsieur de la Boisière se bat en duel demain matin...

— J'en ai connaissance et, si je n'étais pas sûr de rentrer au service de monsieur le baron, après que ma fortune sera faite, j'aurais grand peur de me trouver demain sans place...

— Tu crois donc que M. de la Boisière succombera ?...

— Dam ! monsieur le baron, il est bien vieux, ce pauvre monsieur... son adversaire est tout jeune et paraît rageur comme le diable...

— Je suis l'un des témoins de ton maître... reprit Lascars.

— Est-ce que monsieur le baron tâchera d'empêcher le duel ?... — demanda Sauvageon...

— Non. Ce duel aura lieu, — il le faut. — Je viendrai demain, à sept heures, chercher M. de la Boisière... Écoute-moi avec attention, car c'est à ce moment-là que commencera ton rôle.

— Monsieur le baron, je suis tout oreilles...

— Aussitôt après notre départ, tu entreras dans la chambre à coucher... — tu verras selon toute probabilité sur quelque meuble une enveloppe cachetée, mise bien en évidence, et portant ces mots : *ceci est mon testament*, ou toute autre suscription équivalente... peut-être y aura-t-il des lettres... — tu t'empareras de tout cela, en ayant soin de ne pas être surpris...

— Ce sera consciencieusement fait, monsieur le baron peut y compter... faudra-t-il brûler ces papiers ?...

— Non, — tu les conserveras jusqu'à mon retour... — si par hasard M. de la Boisière rentrait avec moi, sain et sauf, tu remettrais toutes choses en place avant qu'il ait eu le temps de regagner sa chambre... si, au contraire, c'est son cadavre que l'on rapporte, tu quitteras l'hôtel sans rien dire et tu iras m'attendre dans mon logement que tu connais...

— Monsieur le baron n'a pas autre chose à m'ordonner ?

— Non. — J'ai seulement à te répéter une recommandation de la plus haute importance.

— Laquelle ?

— Ma fortune et la tienne dépendent de l'adresse et de la prudence dont tu feras preuve demain matin... — agis donc de manière à ne donner naissance à aucun soupçon car, si tu te compromettais sottement, il me deviendrait impossible de rien essayer pour te venir en aide... je ne réussirais qu'à me rendre suspect, sans te tirer du mauvais pas, et cette fortune sur laquelle tu peux compter serait à tout jamais perdue...

Sauvageon hocha la tête, de l'air d'un homme sûr de lui-même.

— Ah ! — murmura-t-il ensuite, — monsieur le baron peut dormir sur ses deux oreilles !... — Dieu

8.

merci; j'ai la main leste et l'esprit subtil... je réponds de la chose...

— C'est bien... répondit Lascars, — cette confiance me plaît... elle est d'heureux augure...

Et les deux misérables se séparèrent.

LIV

AU BOIS DE VINCENNES

Lascars désirait arriver à la rue Culture-Sainte-Catherine avant le second témoin, afin de se ménager avec le vieux Talbot un dernier entretien particulier, mais des incidents inattendus vinrent contrarier ses projets ; — le fiacre qui l'amenait se vit arrêté et retardé à deux ou trois reprises par des embarras de voitures, et au moment où ce fiacre entra dans la cour de l'hôtel, le carrosse du comte de Guibray s'y trouvait déjà depuis quelques minutes, à côté du carrosse tout attelé de Philippe Talbot.

Sous le vestibule, Sauvageon salua Lascars et lui dit :

— Monsieur de La Boisière est dans sa chambre à coucher... — il attend monsieur le baron...

Roland traversa rapidement les pièces de réception et rejoignit le vieillard qui causait avec M. de Guibray et avec le chirurgien amené par ce dernier.

— Suis-je en retard? demanda-t-il en serrant les mains de Philippe Talbot qui répliqua :

— Pas encore tout à fait, mon cher baron, mais nous avions hâte de vous voir, car il ne nous reste que juste le temps de nous rendre à Vincennes, et pour rien au monde je ne voudrais me laisser précéder, sur le terrain, par mon adversaire.

Lascars expliqua en quelques mots les motifs de son inexactitude involontaire ; tout en parlant, il promenait ses regards autour de lui avec une profonde attention.

Au bout d'une ou deux secondes d'examen il eut à réprimer un léger tressaillement ; — il venait de découvrir, placé bien en vue sur un petit bureau de marqueterie, une large enveloppe portant, tracés d'une main ferme, les quatre mots sacramentels :

CECI EST MON TESTAMENT.

— Messieurs, je suis à vos ordres... — dit Philippe Talbot — nous partirons quand il vous plaira... — les épées sont dans mon carrosse...

Lascars, le comte de Guibray et le chirurgien sortirent les premiers ; — le maître du logis les suivit, après avoir refermé la porte de la chambre à coucher.

Sauvageon se trouvait sous le vestibule, comme au moment de l'arrivée. — Ses yeux interrogèrent Lascars qui lui répondit par un mouvement de tête tout à la fois affirmatif et impérieux.

Un valet de pied tenait ouverte la portière du carrosse.

— Montez, messieurs ; — reprit le vieillard.

Puis, avant de prendre place à son tour, il ajouta

en s'adressant au cocher, ventru et rubicond, qui faisait ployer le siège sous le poids de sa rotondité imposante :

— A Vincennes, et brûle le pavé !

Les chevaux partirent au grand trot.

Le trajet, de la rue Culture-Sainte-Catherine à l'entrée du bois de Vincennes, s'effectua avec une vélocité prodigieuse.

Au moment où le carrosse s'arrêta et où nos quatre personnages en descendirent auprès de la grille indiquée comme lieu de rendez-vous, le chevalier de La Morlière et ses témoins n'avaient pas encore paru, d'ailleurs il n'était guère que huit heures moins un quart.

— Nous sommes les premiers, messieurs ; — dit Philippe Talbot en souriant — et j'en suis ravi, car en matière de duel je pense qu'il vaut mieux attendre pendant une heure, que de se faire attendre pendant cinq minutes...

— Vous êtes dans les bons et vrais principes, monsieur... — répliqua le comte de Guibray. — Richelieu n'aurait, sans doute, ni mieux pensé, ni mieux parlé !...

Philippe Talbot salua le comte pour le remercier de la courtoisie et du bon goût de ce compliment, puis, prenant le bras de Lascars, il l'emmena à quelques pas, en murmurant à son oreille :

— Venez, mon cher baron, et causons à cœur ouvert, puisque mon adversaire a la galanterie de nous en laisser le temps. — J'ai beaucoup de choses à vous dire... et, d'abord, regardez-moi bien en face...

Lascars, très surpris de cette prière, fit ce que lui demandait le vieillard.

— N'êtes-vous pas étonné, mon cher baron — continua ce dernier — de me voir un visage si calme et même, je crois, si joyeux, au moment où, peut-être, il ne me reste pas un quart d'heure à vivre?

La figure de Roland exprima, sans doute, quelque hésitation, car le vieillard se hâta d'ajouter :

— Surtout, parlez franchement et sans réticences...

— Non, je vous l'affirme — répondit Lascars — je n'éprouve aucun étonnement... — Si vous êtes calme et même joyeux, mon ami, c'est que vous avez la conviction, comme je l'ai moi-même, que la rencontre qui s'apprête ne saurait vous être funeste...

Philippe Talbot secoua la tête.

— Ce n'est pas cela — dit-il — vous êtes à cent lieues de la vérité...

— Alors, puisque je devine si mal, éclairez-moi, je vous en prie...

— J'ignore quelle sera l'issue du duel, — reprit Philippe Talbot — et je ne préjuge rien... mais j'accepte sans effroi l'idée même d'un dénouement fatal pour moi seul, parce que, grâce à ce duel, je me trouve en ce moment plus heureux que je ne l'étais depuis bien des années... si brave que l'on soit, vous devez le savoir, on dort mal quand on va jouer sa vie... — Pendant la longue veillée de cette nuit, une révolution s'est faite en moi... — j'ai laissé parler la voix de ma conscience que j'étouffais depuis si longtemps... — j'ai écouté ce que me criait cette voix — j'ai suivi ses conseils et j'ai fait en sorte de réparer, autant que cela pouvait encore dépendre de moi, le mal dont je me suis reconnu coupable...

— Que voulez-vous dire ? — demanda vivement Lascars, très agité par ces paroles dont il lui semblait deviner en partie le sens obscur et énigmatique.

— Je vais vous l'apprendre... — répondit le vieillard.

Lascars attendait, en proie à une émotion et à une anxiété prodigieuses.

Au moment de continuer, Philippe Talbot prêta l'oreille.

— Il me semble — dit-il — que j'entends le roulement d'une voiture.

— Vous ne vous trompez pas,.. — mais parlez... parlez vite...

— C'est sans doute le chevalier de La Morlière... — le temps nous manque en ce moment pour un plus long entretien... — si je survis, je vous expliquerai tout... — si je succombe, vous lirez dans mon testament l'explication que je ne puis vous donner moi-même...

— Dans votre testament ! — s'écria Lascars.

— Oui. — Vous le trouverez sur l'un des meubles de ma chambre à coucher. — Quoique je ne sois pour vous qu'un ami bien nouveau, j'ai cru pouvoir compter aveuglément sur la sincérité de votre affection... — C'est vous que j'ai nommé mon exécuteur testamentaire... — Vous acceptez, n'est-ce pas ?

— Certes, j'accepterais en cas de malheur... mais vous vivrez, mon ami ! vous vivrez... j'en ai la confiance et la certitude...

— Je l'espère aussi, mais il faut tout prévoir... — le contenu de ce testament augmentera, je l'espère, l'estime que vous m'accordiez... vous y verrez la réparation d'une grande et trop longue injustice.

— Une injustice ! — répéta Lascars — de quelle injustice parlez-vous ?

Philippe Talbot n'eut pas le temps de répondre. — Un carrosse de louage s'arrêtait auprès de la grille, et La Morlière, descendant de ce carrosse avec ses témoins, se dirigeait du côté de son adversaire.

— Le testament éclaircira pour vous tout cela... — reprit le vieillard — allons au-devant de ces messieurs... — Un mot encore, cependant — ajouta-t-il — mais plus qu'un... — Prenez cette enveloppe, mon ami...

En même temps il tendait au baron une enveloppe cachetée, sans suscription.

— Que contient ceci? — demanda Lascars.

Un bon au porteur de cent mille livres.

— Que dois-je en faire?

— Le remettre en mon nom à mademoiselle Hermine... — La chère enfant compte sur une somme bien supérieure, et sans doute elle trouvera que c'est mesquin... — Hier j'aurais peut-être été de son avis, mais aujourd'hui tout est changé, j'ai fait de ma fortune un emploi plus digne, et cent mille livres me paraissent rémunérer très largement la sincère affection d'une danseuse...

En prononçant ces derniers mots, et tandis que Roland serrait l'enveloppe dans sa poche, Philippe Talbot se mettait en devoir de franchir la distance qui le séparait de son adversaire.

Pendant ce temps Lascars se dit en lui-même :

— Philippe Talbot se repent d'avoir fermé son cœur et sa porte à son frère... — Sa haine implacable pour ce frère, l'abandon de sa nièce, voilà les crimes qu'il se reproche et qu'il veut réparer en laissant toute sa fortune à l'orpheline... — Puisqu'il en est ainsi, sa mort n'est plus nécessaire à mes projets... — Il sera trop heureux de voir en moi le mari de Pauline... Il n'hésitera pas à nous donner dès à présent la moitié de sa fortune... et, quant au reste, — il est vieux et je suis jeune... — J'attendrai...

Le chevalier de La Morlière et Philippe Talbot échangèrent froidement un salut, sans prononcer une parole, puis les deux adversaires, suivis de leurs témoins et du chirurgien, s'engagèrent dans le bois afin d'y chercher un endroit, bien disposé par la nature pour servir de théâtre au drame sanglant qui le préparait.

Au bout de huit ou dix minutes environ Philippe Talbot, qui marchait en tête du premier groupe, atteignit une petite clairière entourée de grands arbres et dont le sol était parfaitement uni.

L'année précédente, plusieurs fours à charbon avaient occupé cette clairière et aucune trace de végétation ne se voyait sur le terrain noirâtre, calciné à une assez grande profondeur.

Les rideaux des grands arbres dont nous avons parlé arrêtaient au passage les feux du soleil encore très bas sur l'horizon...

Philippe Talbot s'arrêta :

— Ou je me trompe fort, messieurs — dit-il — ou voici notre affaire... — Il me semble qu'on ne saurait nulle part trouver mieux... — Est-ce votre avis comme le mien ?

LV

LE DUEL

L'endroit était effectivement bien choisi et les témoins du chevalier s'inclinèrent en signe d'adhésion.

Philippe Talbot reprit, en s'adressant à ces derniers :

— J'ai apporté mes épées, messieurs, mais si mon adversaire préfère se servir des siennes, je déclare à l'avance que je les accepte...

— Ceci est un point qui doit être réglé entre les témoins des deux parties... — dit Lascars.

— Soit — répliqua le vieillard — occupez-vous de ce détail, mon ami... — Ce que vous ferez sera bien fait...

Et il s'éloigna de quelques pas.

Lascars s'approcha rapidement de La Morlière :

— Tout est changé depuis hier — lui dit-il à voix basse — contentez-vous de désarmer Philippe Talbot, ou de lui faire une légère blessure, mais ne le tuez pas... je veux qu'il vive...

— Le prix convenu tient toujours ? — demanda le chevalier du même ton.

— Bien entendu...

— Dans ce cas, soyez tranquille, — le bonhomme en sera quitte pour une égratignure...

La question des armes fut tranchée aussitôt après par le chevalier qui déclara ne point tenir à faire usage de ses propres épées ; — les adversaires mirent habit bas, ils se placèrent en face l'un de l'autre, et le combat commença...

Nous savons quelle en aurait été l'issue presque immédiate sans le contre-ordre donné par Lascars, mais La Morlière, peu désireux de venger son injure personnelle, et ne voyant au fond de ce duel qu'une question d'argent, fit en sorte de ménager le vieillard et se proposa de le désarmer purement et simplement.

Philippe Talbot, dès les premières passes comprit qu'il avait à faire à un tireur d'une force exceptionnelle et bien supérieure à la sienne ; — il n'en fut ni effrayé, ni découragé et, sachant à merveille qu'en définitive la victoire n'est pas toujours au plus habile, il résolut de redoubler d'attention, de ne commettre aucune imprudence et de se couvrir sans cesse, de manière à ne point livrer passage à l'épée de son adversaire.

Cette tactique n'échappa point à La Morlière, qui s'étonna de trouver chez un vieillard un poignet aussi ferme et tant de rectitude et de précision dans la parade.

Les fers s'entrechoquèrent pendant près de deux minutes, sans que le chevalier pût réussir à lier l'épée de son adversaire et à la faire sauter à dix pas.

— Il me semble, monsieur, que vous me ménagez... — dit tout à coup Philippe Talbot — c'est un jeu dangereux que celui-là, car, je vous en préviens, je ne vous ménagerai pas...

La Morlière ne répondit que par un sourire fortement empreint d'ironie, ou qui du moins parut tel au vieillard dont un vif mouvement de colère fit battre le cœur et rougir le front.

La colère est mauvaise conseillère. Philippe Talbot voulut prouver à l'instant même au chevalier qu'avec lui les ménagements étaient superflus ; — il cessa de se tenir sur la défensive, ainsi qu'il l'avait fait jusqu'alors, il prit une attitude agressive, et la pointe de son épée, touchant légèrement le poignet droit de son adversaire, déchira l'épiderme et fit jaillir quelques gouttes de sang.

La Morlière étouffa dans sa gorge un juron prêt à sortir, et se dit :

— Vais-je me faire tuer par ce patriarche ? — franchement ce serait trop sot ! — Allons !... allons !... il faut en finir !... — je vais lui piquer si bien le bras qu'il n'en demandera pas davantage et se tiendra pour satisfait...

Telle était la volonté du chevalier. — L'événement déjoua ses prévisions ; au moment où ses muscles, se détendant soudain comme des ressorts d'acier, lançaient en avant son épée, Philippe Talbot essaya vainement d'arriver à la parade — cette parade funeste changea bien la direction de l'épée du chevalier, mais sans l'éloigner suffisamment de la ligne du corps, et le coup destiné au bras arriva en pleine poitrine...

L'arme traversa le cœur et ressortit entre les deux épaules. — La blessure était mortelle et la mort fut foudroyante... — Philippe Talbot ne put ni prononcer une parole, ni pousser un soupir ; — une écume sanglante vint à ses lèvres; il étendit les bras, et son corps, changé en cadavre, s'abattit la face contre terre...

. . . .

Le comte de Guibray et les deux témoins du chevalier poussèrent une exclamation douloureuse... — Lascars saisit le poignet de La Morlière et, se penchant vers son oreille, il murmura de manière à ne pouvoir être entendu que de lui seul :

— Malheureux, que vous avais-je dit?...

— Eh ! mordieu ! — répliqua La Morlière — c'est sa faute et non la mienne !... — j'ai fait ce que j'ai pu... — je l'ai ménagé même plus que de raison, puisque mon sang coule ! N'avez-vous pas vu qu'il s'est enferré lui-même?... — ne me reprochez donc rien, car je ne mérite aucun reproche...

Lascars revint s'agenouiller auprès du cadavre, et, donnant à sa physionomie l'expression du chagrin le plus profond, il s'écria :

— Ne reste-il donc point d'espoir? — Ne peut-on sauver monsieur de La Boisière? Dieu m'est témoin que je donnerais sans regret la moitié de ma fortune pour conserver un tel ami...

— Hélas ! monsieur le baron — répondit le chirurgien — tout est irrévocablement fini ! — la vie a quitté le corps au moment où l'épée a touché le cœur !

Lascars cacha sa figure dans ses deux mains.

— Mon Dieu... mon Dieu... — balbutia-t-il d'une voix qui semblait altérée par les larmes — le plus noble, le meilleur des hommes devait-il finir ainsi?...

Les deux valets de pied amenés avec le carrosse avaient suivi de loin les combattants et les témoins à travers le bois et, obéissant à une irrésistible curiosité, s'étaient cachés derrière les arbres disséminés autour de la clairière ; — de là ils avaient assisté aux péripéties du duel.

Ils se montrèrent après le dénouement fatal et Lascars leur donna l'ordre d'improviser une sorte de brancard avec des branches coupées dans le taillis, et de porter jusqu'à la voiture le corps de Philippe Talbot étendu sur un brancard.

Au moment où le lugubre cortège se mettait en marche, La Morlière s'approcha de Roland.

— Monsieur le baron — lui dit-il à demi-voix — j'ai fait de mon mieux pour vous satisfaire, et si je n'ai pas complètement réussi, je vous répète qu'il serait injuste de m'en accuser...

Lascars répondit par un signe affirmatif.

— A quelle heure vous conviendra-t-il que je vous attende chez vous ?... — continua La Morlière.

— Aujourd'hui ?... — murmura Roland.

— Monsieur le baron, c'est chose depuis longtemps convenue... et d'ailleurs, foi de gentilhomme, cela presse ! — Depuis hier je n'ai plus un sou...

Lascars regarda sa montre. — Elle indiquait neuf heures moins un quart.

— Je serai chez moi vers midi... vous pouvez y compter... — dit-il.

— J'y compte...

La Morlière salua et, ne voulant pas sans doute rejoindre la grille du bois par le même sentier que le cadavre de sa victime, il disparut dans le fourré.

Le carrosse transformé en char funèbre ne pouvait marcher qu'au pas.

Il mit plus d'une heure à franchir la distance qui sépare Vincennes de la rue Culture-Sainte-Catherine.

Le vis-à-vis dans lequel se trouvaient monsieur de Guibray et Lascars le suivait lentement.

La cour de l'hôtel était pleine de valets, et ces valets donnèrent de grands témoignages d'effroi et de douleur en voyant que le maître qu'ils aimaient avait cessé de vivre.

Roland les laissa s'empresser autour du carrosse avec des larmes vraies et des gémissements sincères, et après avoir constaté que Sauvageon ne se trouvait point parmi eux, il s'empressa de gravir les marches du perron et de se diriger vers la chambre de Philippe Talbot.

Qu'on juge de sa surprise lorsqu'en franchissant le seuil de cette chambre, dont la porte était largement ouverte, il aperçut les meubles dans un désordre qui témoignait d'une lutte violente ; — en même temps il entendit des gémissements sourds et des blasphèmes étouffés s'échapper du cabinet voisin, où il avait vu Philippe Talbot, le soir précédent, aller chercher les fleurets pour faire assaut avec lui...

Le testament n'était plus sur le bureau...

— Que signifie cela ? — se demanda Roland très inquiet — que se passe-t-il donc !...

Il traversa rapidement la vaste chambre à coucher, il entra dans le cabinet et le spectacle le plus étrange et le plus inattendu s'offrit à ses yeux.

Sauvageon renversé, les pieds et les mains attachés solidement avec des serviettes tordues en façon de cordes, le visage marbré de taches livides et sanglantes, se roulait sur le tapis avec la violence convulsive de la fureur et de l'impuissance, et s'efforçait en vain, par des mouvements brusques et saccadés, de briser les nœuds qui le retenaient captif.

Loin d'y réussir il serrait ces nœuds davantage à chaque secousse, et faisait pénétrer de plus en plus les liens dans sa chair meurtrie...

De là ces gémissements, ces lamentations, ces blasphèmes, que Lascars avait entendus...

A quelques pas de Sauvageon se tenait debout le premier valet de chambre de Philippe Talbot, une épée nue à la main, dirigeant la pointe de cette épée vers le captif chaque fois que ce dernier, dans ses contorsions de reptile, faisait mine de se rapprocher de lui.

Pendant quelques secondes Lascars, pétrifié par la stupeur, resta muet.

Enfin il retrouva la voix et la présence d'esprit, et il répéta tout haut les paroles qu'un instant auparavant il venait de prononcer tout bas:

— Que veux dire cela ? que ce passe-t-il donc ici ?...

LVI

OÙ LA MAUVAISE ÉTOILE DE SAUVAGEON REPARAIT

L'arrivée de Lascars produisit un effet immédiat sur les deux personnages de la scène bizarre que nous venons de mettre sous les yeux de nos lecteurs.

Sauvageon cessa ses contorsions et ses plaintes et demeura silencieux et immobile, attachant ses regards avec une ardente fixité sur le nouveau venu.

Le valet de chambre, reconnaissant en Lascars l'ami très intime et l'un des témoins de son maître, le salua respectueusement, et répondit en désignant Sauvageon du bout de son épée :

— Il y a, monsieur le baron, que cet homme est un gredin...

Lascars fit semblant d'examiner attentivement le prisonnier.

— Il me semble — dit-il ensuite — que j'ai déjà vu cette figure... — l'homme que voilà ne faisait-il point partie de la maison de M. de La Boisière?...

9.

— Oui, monsieur le baron...
— Depuis longtemps?...
— Depuis quinze jours à peine.., — aucun de nous ne sait d'où il sort ni par qui il a été recommandé à notre maître... nous avons eu beau le questionner à ce sujet, comme cela se pratique entre camarades, le sournois n'a jamais voulu répondre...
— Ceci n'est point un crime... répliqua Lascars — et je ne suppose pas que ce soit en punition de son silence obstiné que vous l'avez attaché de cette façon...
— Oh! certainement non, monsieur le baron...
— Qu'a-t-il donc fait?...
— Il a volé...
— En avez-vous la certitude?
— Je l'ai pris en flagrant délit.
— Quel était l'objet de son vol?
— Des papiers qui, sans doute, ont une grande importance...
— Où sont ces papiers?..
— Les voilà...

Le valet de chambre tira de sa veste et remit à Lascars l'enveloppe sur laquelle étaient écrits ces mots : — *Ceci est mon testament.* — Elle était étrangement fripée et déchirée à moitié.

Roland la saisit, et continua :
— Apprenez-moi, maintenant, de quelle façon les choses se sont passées...
— Monsieur le baron, c'est bien simple, répondit le valet. — Il y a une demi-heure, à peu près, j'étais dans le cabinet où nous voici, et je m'occupais de mon service, lorsque j'entendis ouvrir tout doucement la chambre à coucher... — Je me défiai de quelque chose, je m'approchai de la porte sans faire de bruit et je vis

ce mauvais drôle de Jasmin qui se croyant seul se dirigeait à pas de loup vers le bureau, s'emparait de l'enveloppe que je viens de remettre à monsieur le baron et la subtilisait sans dire gare !.. — je sortis aussitôt de ma cachette et m'élançai sur lui en criant : *Au voleur...* — il voulut fuir, mais je ne lui en laissai pas le temps et une lutte corps à corps s'engagea entre nous... le gredin est fort comme un Turc, quoique de chétive apparence ; — il se défendait mieux qu'un diable, et je n'aurais jamais pu venir à bout de lui si deux ou trois camarades, attirés par mes cris, n'étaient accourus à mon aide... — nous l'avons alors garrotté et poussé dans ce cabinet où nous le gardions à vue en attendant le retour de M. de La Boisière... Tout à l'heure, lorsque le bruit des voitures s'est fait entendre, mes camarades m'ont quitté pour descendre dans la cour, et je suis resté seul avec ce scélérat... — voilà toute l'histoire, et monsieur le baron en sait maintenant aussi long que moi...

Le valet cessa de parler.

Lascars se tourna vers Sauvageon.

— Avez-vous quelque chose à répondre pour vous justifier ?... — lui demanda-t-il.

Sauvageon fit un violent effort et parvint à se soulever sur ses genoux.

— J'ai à répondre que je ne suis pas un voleur,... — balbutia-t-il d'une voix gémissante, — et cela, monsieur le baron, je le jure sur tout ce qu'il y a de plus sacré dans ce monde...

— Il ment ! s'écria le valet de chambre, il ment comme un éhonté scélérat qu'il est.

— C'est possible, — c'est même probable ; — répondit Roland, — mais il ne faut point l'interrompre... —

laissez-le parler en toute liberté... — vous dites que vous n'êtes pas un voleur, — reprit-il en s'adressant à Sauvageon, — et cependant vous avez dérobé l'enveloppe que voici...

— Eh! monsieur le baron, je ne songeais guère à la voler... c'est par un pur et simple sentiment de curiosité que je l'avais prise et que je la regardais, quand cette bête farouche de Bourguignon s'est précipité sur moi en m'accablant d'injures et en s'efforçant de m'étrangler... — n'est-ce pas une infamie de tordre le cou à un pauvre diable pour un peu de curiosité...

Bourguignon haussa les épaules...

— De la curiosité!... — répliqua-t-il, — ah! par exemple, gredin de scélérat, tu veux nous la bailler belle!... — il ne faut pas croire un mot de tout ce qu'il dit, monsieur le baron!... l'enveloppe était déjà au fin fond de sa poche...

— C'est un mensonge!... — cria Sauvageon, — je ne songeais point à mal, et d'ailleurs je n'avais que faire de cette lettre qui ne me regarde ni peu ni prou... Pourquoi donc l'aurais-je prise?... — Bref, je me défendais de mon mieux quand ce capon de Bourguignon qui est plus fort que moi, mais qui avait peur, poussa de tels cris que trois camarades lui vinrent en aide... ils se mirent tous les quatre contre un seul homme, chétif et petit comme je le suis... je fus roué de coups, assommé, meurtri, foulé aux pieds!... — tout mon corps n'est qu'une contusion et, non contents de me renverser à demi mort, ces bourreaux d'un innocent m'ont attaché les pieds et les mains ainsi que monsieur le baron peut le voir, avec des liens qui me brisent les os et qui m'entrent dans la chair... voilà la vraie vérité, je le jure, et il n'y en a pas d'autre...

Bourguignon allait répliquer, mais d'un geste Lascars lui imposa silence et lui dit ensuite :

— La culpabilité de ce malheureux me paraît moins grande que vous ne la faisiez d'abord, mais il ne m'appartient point de me prononcer en ces questions délicates, la justice décidera... — seulement, les lois de l'humanité sont imprescriptibles et doivent avant tout être respectées. Détachez les liens de cet homme...

— Mais, monsieur le baron... murmura le valet.

— Faites ce que je viens de dire, ajouta Lascars impérieusement, sinon, je le ferai moi-même...

Bourguignon n'osa point désobéir et il dénoua lentement et à contre-cœur les serviettes roulées en cordes qui comprimaient les membres de Sauvageon.

Ce dernier, une fois délivré, se mit sur ses jambes avec de fort laides grimaces, et se maintint en équilibre, non sans peine, car ses meurtrissures étaient douloureuses, ses articulations roides, et la circulation du sang momentanément interrompue.

— Maintenant, — continua Roland en s'adressant à Bourguignon, — courez sans perdre une minute au corps de garde le plus proche et ramenez avec vous deux ou trois soldats... ils emmèneront, pour le livrer à qui de droit, ce prétendu voleur.

— Et pendant mon absence, s'écria le valet, monsieur le baron restera seul avec ce scélérat !...

— Sans doute...

— Mais le danger...

— Je n'y crois pas... — vous avez mis le pauvre diable en trop piteux état pour qu'il soit fort à craindre... — d'ailleurs, voici des pistolets... — s'il faisait mine de m'attaquer, ou s'il cherchait à prendre la fuite, je lui brûlerais très bien la cervelle...

A cela, il n'y avait rien à répondre. — Nous devons ajouter que Lascars commandait d'un ton qui rendait nécessaire une obéissance immédiate et sans réplique.

Bourguignon s'inclina devant l'ami de son maître, il sortit du cabinet et traversa la chambre à coucher pour aller chercher la garde.

Roland et Sauvageon restèrent seuls.

— Ah! monsieur le baron, — balbutia le prétendu Jasmin, — sans vous j'étais un homme perdu! — le diable est contre moi, ma mauvaise chance continue!.. — je suis ensorcelé!... — si des coups se distribuent quelque part, on peut compter d'avance que je serai là pour les recevoir!... — Ah! les misérables!... — les triples brutes! comme ils frappaient sur ma pauvre échine!... — j'ai vu de bien près le moment où je ne sortais pas vivant de leurs mains!...

— Tu es un maladroit!... — dit Lascars, — récite ton meâ culpa, je te le conseille, car l'unique auteur du mal qui vient de t'arriver, c'est toi-même!... — ne devais-tu pas, avant de mettre la main sur la lettre, t'assurer que la solitude était bien complète autour de toi!..

— Hélas! monsieur le baron, ce n'est que trop vrai!... — murmura l'infortuné.

— Enfin, le moment serait mal choisi pour t'adresser des reproches, reprit Roland, — d'autant plus que si tu as commis la sottise la punition ne s'est guère fait attendre... — il s'agit maintenant de te sauver...

— Oui, monsieur le monsieur le baron... sauvons-nous... c'est-à-dire sauvez-moi...

— Ce cabinet n'a-t-il d'autre issue que la chambre à coucher?

— Il possède, en outre, un escalier dérobé dont voici la porte...

— Où conduit cet escalier?...

— Dans la cour de l'hôtel...

— Elle est encombrée de valets... tu serais repris à l'instant même... — il n'y faut pas songer...

— Comment donc faire, monsieur le baron, et par où m'évader? car enfin je ne puis attendre ici le retour de Bourguignon et des soldats... — une fois en prison je ne saurais comment en sortir... ces messieurs les juges sont d'une curiosité révoltante, ils m'adresseraient toutes sortes de questions saugrenues qui me mettraient dans l'embarras... et qui, soit dit en passant, pourraient bien y mettre aussi monsieur le baron...

Tandis que Sauvageon parlait ainsi, Lascars s'approchait de l'unique et large fenêtre du cabinet et constatait avec une joie vive que cette fenêtre donnait sur le jardin complètement désert.

L'étage était peu élevé.

Immédiatement au-dessous de la fenêtre s'étendait une plate-bande amplement garnie de terreau et qui semblait disposée tout exprès pour amortir une chute et la rendre sans danger.

Au fond du jardin, entre les troncs rugueux d'une double rangée de tilleuls, se voyait une petite porte verte percée dans la muraille revêtue de lierre et donnant sur une ruelle écartée.

— Tout ceci est parfait ! murmura Lascars.

Puis s'adressant à Sauvageon, — il reprit :

— Tu vas sauter par la fenêtre.

Sauvageon fit un geste d'épouvante et recula d'un pas.

— Par la fenêtre ! répéta-t-il.

— Naturellement, puisque c'est le seul chemin qui te sois ouvert...

— Mais, monsieur, en tombant de si haut, je me casserai les reins... — balbutia le faux Jasmin.

— Pas le moins du monde... — répliqua Roland — la plate-bande est moelleuse, fraîchement remuée, et jouera le rôle d'un matelas bourré de plumes placé là pour te recevoir.

— Hélas ! hélas ! monsieur le baron, les coups nombreux que j'ai reçus m'ont rendu le corps tout roide.

— Cette gymnastique t'assouplira !... allons, faquin, saute, et saute vite !... — je n'ai pas envie qu'on te retrouve ici tout à l'heure... — Tu n'as pas une minute à perdre !...

Sauvageon ne se dissimula point que toute hésitation, tout retard, devenaient impossibles et, malgré sa répugnance et son effroi, il prit le parti de s'exécuter.

— Monsieur le baron — demanda-t-il — une fois dehors, que faudra-t-il faire ?...

— Va m'attendre au logis que tu connais — répondit Lascars, — je t'y rejoindrai dans deux heures...

LVII

LE TESTAMENT

Sauvageon voulut s'élancer, mais ses jambes meurtries et ses reins endoloris lui refusèrent véritablement le service. — Il lui fallut l'aide de Lascars pour grimper sur le rebord de la fenêtre ouverte.

Une fois-là, il ferma les yeux, fit le plongeon, et tomba lourdement dans la terre molle de la plate-bande.

Il se releva d'ailleurs sain et sauf, et pensant non sans raison que le plus fort était fait désormais, il traversa le jardin clopin-clopant et il atteignit la porte verte.

Aussitôt que Lascars le vit hors d'atteinte, il déchargea en l'air ses deux pistolets et se mit à crier de toutes ses forces :

— Le prisonnier s'échappe ! au voleur, arrêtez-le !

Ces cris d'appel furent entendus jusque dans la cour. Plusieurs valets accoururent ; — le baron leur expliqua de quelle façon ce scélérat de Jasmin s'était évadé par la fenêtre, comment il avait fait feu sur lui sans l'atteindre, et il les engagea fortement à se mettre à sa poursuite, ce qu'ils firent à l'instant même, mais le fugitif avait sur eux une trop grande avance pour qu'il fût possible de le rejoindre, et les valets revinrent l'un après l'autre, aussi déconcertés que des chasseurs qui rentrent au logis les mains vides.

Tandis que ceci se passait, d'autres serviteurs de l'hôtel retiraient du carrosse le cadavre de Philippe Talbot, l'étendaient sur un brancard recouvert à la hâte d'un tapis de velours, l'apportaient jusqu'à la chambre à coucher à travers ces appartements de réception encombrés la veille au soir d'une foule joyeuse et bruyante et, après avoir enlevé les vêtements et lavé les blessures saignantes par où la vie s'était envolée, couchaient sur le lit le pauvre corps endormi d'un sommeil éternel.

Lascars donna l'ordre d'aller sans perdre une minute chercher des prêtres, il enjoignit de transformer la chambre à coucher en une chapelle ardente, et de prendre les mesures nécessaires pour que les cérémonies funèbres eussent lieu le lendemain avec l'éclat et la pompe que comportaient la position sociale et la grande fortune du défunt.

Puis, aussitôt ces ordres donnés, il retourna dans le cabinet voisin, où il s'enferma, et tirant de son sein le testament de Philippe Talbot, il rompit, d'une main tremblante d'émotion, le large cachet de cire noire.

Cette émotion se calma bien vite pour faire place à une satisfaction sans bornes. L'événement confirmait les dernières prévisions de Roland, et le testament du vieillard était tel, de tous points, qu'il pouvait le souhaiter.

Voici ce qu'il lut :

« A la veille d'un duel dont l'issue est incertaine et me sera sans doute fatale, je veux mettre mon âme en paix avec le Dieu de justice devant qui je paraîtrai peut-être demain ; — je veux réparer, autant qu'il m'est donné de le faire, la seule faute vraiment grave, la seule action détestable qui déshonore ma vie et pèse lourdement sur ma conscience.

» Le gentilhomme avec lequel, dans quelques heures, je croiserai le fer, m'a nommé tout haut : CAIN ! c'était justice !... je méritais cette sanglante injure, car si Dieu me disait : *qu'as-tu fait de ton frère ?*... je ne pourrais que me taire, ou, comme le premier meurtrier, il me faudrait répondre : — *Seigneur, vous ne me l'avez pas donner à garder !*...

» Pendant la moitié de ma longue carrière je fus aveuglé par une injuste haine dont je reconnais trop tard aujourd'hui toute l'injustice, toute la cruauté, toute la folie !...

» Abandonné par moi, méconnu par moi, renié par moi, chassé par moi, Georges Talbot, mon frère, a vécu pauvre, il a connu toutes les douleurs de la ruine, toutes les angoisses d'une misère imméritée, quand je n'avais qu'à étendre la main pour le soutenir, et pour le relever !

» Il est mort misérable, tandis que j'étais riche !... sans doute il m'appelait à son heure suprême !... je ne suis pas venu !... — Caïn, le meurtrier d'Abel, ne s'est pas montré plus cruel !...

» Je me repens de cette infamie... Je supplie mon frère de me la pardonner... Je lui demande à genoux d'implorer pour moi la miséricorde divine.

» Gerges Talbot avait un enfant, une fille — Pauline

Talbot, ma nièce. — Je lègue à Pauline Talbot ma fortune tout entière (Hélas ! réparation tardive !...) le détail et les titres de cette fortune, qui monte à plus de trois millions de livres, se trouvent dans le troisième tiroir du meuble d'ébène incrusté de cuivre qui fait face à mon lit dans la chambre à coucher de mon hôtel.

» Et maintenant, oh ! comble de honte ! il faut bien que je l'avoue, j'ignore ce qu'est devenue Pauline Talbot, mon unique parente ! — je ne sais même pas si la pauvre et chère enfant a survécu à son malheureux père dont la mort, apprise par hasard il y a quelques mois, m'a laissé froid et insensible !...

» Je compte assez sur le caractère noble et généreux de M. le baron Roland de Lascars et sur la sincère affection qu'il me témoignait, pour espérer qu'il voudra bien m'aider à réparer mon crime...

» Je le nomme, en conséquence, mon exécuteur testamentaire, et je le conjure de n'épargner ni l'argent, ni les démarches, pour retrouver ma nièce et mon héritière, Pauline Talbot, et la mettre en possession de tous mes biens.

» Dans le cas où, ce qu'à Dieu ne plaise, la fille de mon frère n'existerait plus, mon hôtel de la rue Culture-Sainte-Catherine deviendrait une maison d'asile destinée à recevoir de jeunes orphelines, et tous les revenus de ma fortune serviraient à les élever, à les entretenir et à leur constituer des dots, quand viendrait le moment de les marier...

» Cet établissement de bienfaisance porterait le nom D'ASILE TALBOT, non pour éterniser ma mémoire, mais pour conserver et pour faire bénir le nom de mon frère et de sa famille.

» Je prie monsieur le baron de Lascars de vouloir

bien accepter, comme souvenir de son vieil ami, le diamant monté sur émail noir que je porte au doigt annulaire de la main gauche, et les deux grands tableaux, l'un du *Titien* l'autre de *Luca Giordano*, qui se trouvent dans le grand salon de mon hôtel, et dont l'authenticité est reconnue.

» Enfin, je donne et lègue mon âme à Dieu, et je le supplie de la recevoir en sa miséricorde. »

. . . .

Suivaient la date et la signature ; PHILIPPE TALBOT, DE LA BOISIÈRE.

Au moment où Lascars achevait la lecture de ce testament qui certes était remarquable malgré sa forme un peu emphatique, les rayonnements d'une joie infernale illuminèrent son front et ses yeux.

— Trois millions !... murmura-t-il avec une indicible expression de cupidité, dans quelques jours j'aurai trois millions ! Allons, mon étoile est brillante et je dois la bénir !

Une heure après, les prêtres de la paroisse arrivaient ; — des cierges innombrables s'allumaient autour du cadavre, et les psaumes de la pénitence, lentement psalmodiés, remplissaient la vaste chambre d'un murmure solennel et monotone.

Lascars prit le chemin de l'appartement meublé où il avait donné rendez-vous à Sauvageon et à La Morlière.

Le chevalier n'était pas encore arrivé, mais Sauvageon accueillit son maître avec force gémissements et lamentations au sujet de la mauvaise chance qui le poursuivait d'une manière si acharnée, et qui se traduisait pour lui en horions de toutes sortes, au grand préjudice de son pauvre corps.

— Animal — lui répondit Lascars en riant — frictionne tes meurtrissures, cesse de te plaindre, et réjouis-toi car ta fortune est faite !

— Ma fortune est faite ! — répéta Sauvageon partagé entre le doute et l'espoir — monsieur le baron parle sérieusement ? — monsieur le baron ne se gausse pas de moi?

— Foi de gentilhomme, je parle sérieusement... — te voilà riche, puisque je le suis.

Cette assurance si formelle, si positive, à laquelle il semblait impossible de ne pas croire, mit Sauvageon hors de lui-même. — Il se mit à gambader malgré sa raideur.

A la fin il reprit son calme et discontinua ses évolutions chorégraphiques.

— Monsieur le baron veut-il avoir la grande bonté de me pincer le bras jusqu'au sang! dit-il tout à coup.

— Te pincer jusqu'au sang! s'écria Lascars, dans quel but ?

— Dans le but de me donner l'assurance que je ne rêve pas et que véritablement je suis riche...

— Epreuve inutile, mon garçon... tu es parfaitement éveillé... je te le certifie de nouveau.

— Dans ce cas-là, ma fortune, monsieur le baron, à combien ça peut-il se monter, s'il vous plaît?...

— Quelle somme te semblerait nécessaire pour atteindre, pour dépasser même, tes espérances les plus ambitieuses ? demanda Lascars.

Sauvageon baissa la tête, ferma les yeux à demi, remua les lèvres, agita les doigts et parut se livrer pendant quelques secondes à des calculs d'une complication infinie.

— Eh ! bien, fit Roland avec un sourire, ce chiffre est-il fixé ?
— Oui, monsieur le baron.
— Dis-le donc, alors.
— Je n'ose pas.
— Pourquoi ?
— C'est qu'il s'agit de choses par-dessus les maisons.
— Peu importe... — Voyons ces choses...
— Puisque monsieur le baron veut absolument le savoir, ça irait bien jusqu'à vingt mille livres... Mais c'est histoire de dire des folies !... — Je ne suis pas assez sot pour supposer que monsieur le baron me donnera de pareilles sommes.
— Suppose, mon garçon, suppose, et tu seras dans le vrai... — Tu auras les vingt mille livres.
— Pas possible !...
— Tu les toucheras dès demain.
— Mais alors, monsieur le baron, je pourrai donc réaliser mon rêve !.. — mon beau rêve !.. — s'écria Sauvageon avec ivresse.
— Ce rêve, quel est-il ?
— C'est de posséder sur le bord de l'eau, quelque part auprès de Paris, une petite maison, une vraie maison, batie en pierres, couverte en tuiles, avec une cave et un grenier.
— Tu posséderas la maison... — C'est convenu !... Et, une fois propriétaire, que feras-tu de ta propriété ?
— J'en ferai une petite guinguette, monsieur le baron, une vraie guinguette, avec du vin dans la cave et des jambons pendus dans la cheminée... J'aurai un bateau, un vrai bateau, qui ne devra rien à personne, et je pêcherai moi-même des goujons que ma petite servante

fera frire.... car j'aurai une petite servante... une vraie servante, monsieur le baron.

— Tu pourras même en avoir deux, si le cœur t'en dit... — répliqua Lascars en riant.

— Une suffira, monsieur le baron... seulement, je tiens à ce qu'elle soit de la Bourgogne... il vient de là de beaux brins de filles... ah ! je serai un heureux gaillard... — Je prendrai pour enseigne, le GOUJON AVENTUREUX, et mes clients seront si nombreux que je ne saurai auquel entendre, de vrais clients, monsieur le baron... — pas des *Lapins*... — ah ! non, par exemple!

Un coup de sonnette interrompit les extases de Sauvageon, et le futur propriétaire du *Goujon aventureux* courut ouvrir au visiteur, qui n'était autre que le chevalier de La Morlière.

LVIII

LE RÊVE

L'entretien du baron et du chevalier fut très court.
— Roland remit la somme promise à celui qui venait de lui servir de *bravo*, et s'engagea de nouveau à lui compter à l'époque convenue, c'est-à-dire un mois plus tard, le reste du prix du sang.

Il le congédia aussitôt après, et se rendit à l'hôtel de la rue Culture-Sainte-Catherine.

Le bruit de l'événement accompli dans la matinée s'était répandu rapidement. — Lascars trouva l'hôtel plein de gens de loi, venus, les uns pour prendre des informations au sujet de la mort violente de Philippe Talbot, les autres pour poser les scellés sur tous les meubles et sur tout les papiers, dans l'intérêt des héritiers encore inconnus.

Le baron se mit en rapport successivement avec les uns et avec les autres.

Aux premiers il s'empressa de donner les détails

relatifs au duel de Vincennes; il leur certifia en outre que les choses s'étaient passées loyalement, d'une façon tout à fait irréprochable, et le comte de Guibray, présent à l'hôtel, confirma ce témoignage que son honorabilité connue rendit d'un grand poids.

Aux gens de loi Lascars produisit le testament de Philippe Talbot; — il leur déclara sa qualité d'exécuteur testamentaire, et en cette qualité il assista à l'apposition des scellés, formalité légale qu'il était impossible d'éviter, et qui d'ailleurs ne pouvait lui causer aucun préjudice car c'est seulement comme mari de Pauline Talbot, légataire universelle, qu'il comptait rentrer en maître à l'hôtel.

Nos lecteurs se souviennent que peu d'instants avant le duel dans lequel il devait succomber, Philippe Talbot avait remis à Lascars une enveloppe sans suscription, renfermant un *bon au porteur de cent mille livres*, destiné à mademoiselle Hermine, de l'Académie royale de musique et de danse.

Roland, craignant sans doute que la nymphe d'opéra ne fît de cette somme un usage inconsidéré, jugea très à propos de la garder pour lui, et jamais la blonde danseuse n'entendit parler du *fidéicommis* confié à la loyauté du gentilhomme...

Cette déception fut tellement pénible à mademoiselle Hermine qu'elle en faillit faire une maladie, et qu'après avoir maudit, avec une éloquence étonnante, la mémoire de son oublieux protecteur, elle se brouilla avec La Morlière.

Hâtons-nous d'ajouter qu'au bout d'un peu moins d'une semaine elle était déjà consolée, et qu'avant la fin du mois la protection d'un riche et galant étranger lui faisait oublier ce qu'elle avait perdu.

. . . .
Le lendemain du duel eurent lieu les funérailles de Philippe Talbot. Elles furent magnifiques et jamais obsèques de prince ne servirent de prétexte à d'aussi rares magnificences... — jamais somptueux cortège, accompagnant un cercueil au cimetière, ne se mit mieux en pleine révolte contre l'adage philosophique : *memento, homo, quia pulvis es!*

Les nombreux parasites des soupers et des fêtes de M. de La Boisière firent au char funèbre l'honneur de le suivre jusqu'au Père-Lachaise, mais ils trouvèrent convenable de charmer l'ennui du voyage en disant beaucoup de mal du défunt. — Ainsi va le monde ! — volontiers l'humanité prendrait pour devise : — *on ne doit la flatterie qu'aux vivants...* — et encore l'humanité ajouterait sans aucun doute : — quand ils sont riches...

LIX

LE RÊVE

Lascars, presque seul entre tous, se conduisit avec la convenance la plus parfaite. Sa contenance fut sérieuse, sa physionomie exprima la tristesse et les regrets pendant toute la durée de la lugubre cérémonie, enfin il prononça, près de la tombe, quelques paroles pleines d'émotion et vraiment éloquentes dans leur simplicité. Lorsque les dernières pelletées de terre eurent comblé la fosse, que devait recouvrir un peu plus tard un splendide monument de marbre noir, Lascars se retira le dernier et, après avoir passé au logis qui lui servait de pied à terre, et s'être muni de divers papiers parmi lesquels se trouvaient son acte de naissance et celui de Pauline Talbot, il reprit le chemin de Bougival. Sauvageon l'accompagnait. Ce digne serviteur, quoique riche de vingt mille livres données le matin même par Lascars, avait consenti de fort bonne grâce, — (moyennant la promesse d'une nouvelle gratification) — à ne se séparer de son maître que dans quelques jours, et par conséquent à retourner au Moulin-Noir avec lui. Roland, nos lecteurs le comprennent facilement, n'avait plus désormais qu'une idée fixe, celle de hâter, autant que cela dépendrait de lui, un mariage qui devait le rendre trois fois millionnaire ; — Il annonça donc à Pauline que dès la semaine suivante il la conduirait à l'autel, et il alla aussitôt après trouver le curé de Bougival pour solliciter de lui la dispense de deux bans, et pour lui porter les papiers relatifs à l'unique publication qui fut indispensable. A l'époque où se passaient les faits que nous racontons, le mariage civil n'existait pas encore, et c'était seulement à l'autorité ecclésiastique qu'il appartenait de consacrer et de légitimer les unions. Lorsque Lascars eut quitté la maisonnette du Bas-Prunet, madame Audouin ne songea point à dissimuler les transports de la joie exaltée, exubérante, qui s'était emparée d'elle en apprenant la nouvelle apportée par lui. Pendant plus d'une heure cette vénérable matrone eut véritablement l'air d'une folle ; — elle ne pouvait se tenir en place ; — elle frappait dans ses mains ; — elle embrassait Pauline de minute en minute, et elle répétait, d'une façon toujours identique, mais avec les intonations les plus variées :

— Il va donc luire enfin, ce jour trois fois béni où je verrai ma fille chérie mariée! — où je la verrai heureuse! — où je la verrai baronne!... — Quand j'aurai atteint le soir de ce jour d'allégresse, Seigneur, appelez-moi près de vous !... — Tirez-moi de ce monde !... — je n'aurai plus rien à faire ici-bas !...

Pauline, nous le savons, était bien loin de partager ces transports et cette exaltation délirante... Elle avait promis; elle ne songeait point à revenir sur la parole donnée ; — elle s'était librement fiancée à Lascars ; — elle se disait que librement elle deviendrait sa femme, mais elle savait bien que lorsque sonnerait l'heure suprême du mariage, lorsqu'elle aurait à prononcer devant Dieu le *oui* solennel, il n'y aurait au fond de son cœur, au lieu d'amour, qu'une douce et calme résignation.

— J'aimerai mon mari comme on aime un frère... — se disait-elle avec une ingénuité touchante — n'est-ce pas assez pour le rendre heureux ?...

Le reste de la semaine s'écoula. Il avait été convenu entre Lascars et le curé de Bougival que la publication des bans aurait lieu le dimanche suivant et que le mariage serait célébré le mardi. Roland partit pour Paris le vendredi soir; il revint le samedi, apportant à sa fiancée une robe de noces, de soie blanche, recouverte de merveilleuses dentelles d'Angleterre, et un voile d'une richesse incomparable. La couronne et le bouquet joints à cette parure étaient des chefs-d'œuvre, et, sur les pétales des fleurs d'orangers symboliques, de petits diamants figuraient des gouttes de rosée. La robe, le voile, le bouquet et la couronne valaient au bas mot vingt-cinq mille livres.

Pauline admira sincèrement ces merveilles princières puis, après avoir témoigné son admiration, elle ajouta :

— Seulement c'est trop beau, trop riche surtout, pour une pauvre fiancée comme moi...

— Chère Pauline, — répondit Lascars, en jetant un regard presque passionné sur le divin visage de la jeune fille, qu'une légère pâleur rendait plus adorable encore, pour vous rien n'est trop beau... — pour vous rien n'est trop riche... — je voudrais être roi afin de mettre à vos pieds des parures de reine...

Ces paroles prononcées d'une voix émue par le baron, qui tout en parlant courbait le genou devant Pauline comme devant une image sainte, remplirent d'un trouble délicieux l'âme de la jeune fille. Pour la première fois il lui sembla sentir se fondre à demi les glaces de son cœur, et elle se demanda bien bas, en regardant Lascars à la dérobée :

— Pourquoi ne l'aimerais-je pas plus qu'un frère?

Le même soir, après le départ de son fiancé, elle essaya avec l'aide de madame Audouin la robe blanche des vierges épouses. — Elle attacha sur ses cheveux blonds le long voile de dentelle ; elle se couronna des fleurs d'oranger ; elle fixa sur son sein le bouquet virginal. Quand cette toilette fut achevée, madame Audouin se recula de quelques pas et, levant les yeux et les mains vers le ciel, elle s'écria avec une extase véritable :

— Mon Dieu !... mon Dieu !... que tu es belle, ma Pauline !... Ah ! tous les anges du paradis peuvent descendre de là haut ! je suis bien sûre qu'ils ne seront pas si beaux que toi !...

La jeune fille, souriant et rougissant à la fois, se regarda dans le petit miroir que madame Audouin s'empressa de lui présenter et, malgré sa modestie naturelle, force lui fut de s'avouer à elle-même que, si la bonne dame exagérait, du moins elle n'exagérait pas beaucoup. Pendant toute la journée du dimanche Lascars, avons-nous besoin de le dire, ne quitta pas la petite maison de Bas-Prunet. — Une sorte de transformation s'opérait auprès de Pauline dans l'âme bronzée et dans le cœur de marbre du bandit-gentilhomme... — Il subissait à son insu l'ascendant de cette nature d'une pureté idéale... — une tendresse toute différente des brutales passions qu'il avait éprouvées jusqu'à ce moment s'emparait de lui... — Enfin il oubliait presque la grande fortune de l'orpheline et ne voyait plus en elle qu'une délicieuse et timide enfant qui, le surlendemain, serait sa femme... Cette journée passa comme un éclair pour Pauline aussi bien que pour Lascars et, le soir venu, la jeune fille en posant sa tête sur l'oreiller et en s'endormant, se sentit plus heureuse qu'elle ne se souvenait de l'avoir été depuis son enfance. Pourquoi donc, le lendemain matin, à son réveil, était-elle pâle comme une morte? — Pourquoi donc, un large cercle d'azur estompait-il le contour de ses grands yeux noirs?... — Pourquoi donc, enfin, son regard, si doux et si calme d'habitude, exprimait-il une sorte d'égarement? C'est que Pauline avait fait un rêve étrange et poignant, un rêve dont le souvenir, loin de s'effacer à la manière des vapeurs nocturnes que dissipe un rayon de soleil, devenait d'instant en instant plus distinct, et prenait une netteté si grande que la jeune fille, dans son trouble, avait peine à se persuader que ce songe bizarre et de funeste augure ne fût point la réalité elle-même. — Le rêve avait reporté d'abord Pauline au milieu des scènes effroyables de la rue Royale pendant la nuit du 30 mai... — elle avait vu tomber son père sous ses yeux... — elle avait lutté contre les bandits qui voulaient la séparer du corps sanglant du vieillard et l'entraîner avec eux... — elle allait succomber à ces violences, elle allait mourir sans doute, lorsque s'était montré à elle soudainement, comme une apparition rayonnante, comme un héros féerique des temps chevaleresques, ce beau gentilhomme inconnu dont le souvenir la poursuivait encore si peu de temps auparavant... Pleine de confiance, de reconnaissance, d'enthousiasme, elle se suspendait au bras de ce sauveur que Dieu lui envoyait, et qui lui disait à voix basse, avec un accent d'ineffable tendresse : — *Suivez-moi sans crainte, Pauline, votre père vous sera rendu...* — Elle marchait à ses côtés, et il lui semblait qu'à chaque pas qu'ils faisaient ensemble le péril s'éloignait pour ne plus revenir, le tumulte s'apaisait et la sérénité la plus douce succédait à l'épouvante la plus profonde. Tout à coup Pauline sentit de nouveau son cœur se serrer, et ses angoisses un instant dissipées, renaître. Un ennemi inattendu se dressait devant la jeune fille et devant son généreux sauveur. Il était seul, mais plus terrible, plus dangereux à lui seul que tous les autres ensemble. C'était Lascars.

— Place! lui criait, l'épée haute, le gentilhomme inconnu.

Et Lascars répondait :

— Vous ne passerez pas!

Pauline alors, éperdue, baignée d'une sueur froide, incapable de se mouvoir, incapable de pousser un cri, assistait à l'un de ces combats formidables que l'on rencontre à chaque page dans les chroniques et dans les légendes du moyen âge. Lascars et l'inconnu s'attaquaient avec une impétuosité haineuse à laquelle le rêve de la jeune fille donnait des proportions fantastiques. — Les ténèbres se faisaient autour des deux hommes, ténèbres profondes, éclairées seulement par les grandes flammes bleues qui jaillissaient des épées entrechoquées. — Ces lueurs effrayantes montraient à Pauline des corps déchirés, des blessures béantes d'où le sang coulait à flots. Soudain, et avec cette absence complète de logique et d'enchaînement qui est l'un des caractères distinctifs des actions auxquelles on assiste dans les songes, — la scène changeait ; — l'inconnu n'était plus là ; — une lumière éclatante inondait un ciel sans nuage et Pauline marchait lentement, à côté de Lascars, au milieu d'une campagne de fraîcheur délicieuse. Le baron se penchait vers la jeune fille ; — il murmurait tout bas à son oreille des paroles d'amour, il lui donnait le doux nom de fiancée, et, à mesure que l'orpheline l'écoutait, l'image du gentilhomme inconnu devenait de plus en plus vague dans sa pensée, sans cependant s'effacer entièrement. Encore une fois la scène changea. Pauline vêtue de blanc, portant le voile, la couronne et le bouquet de mariée, accompagnait Lascars à l'église où la messe des noces allait se célébrer. — Quelques pas à peine la séparaient encore du portail ; — elle voyait les cierges allumés sur l'autel ; — elle voyait la vapeur parfumée de l'encens monter vers la voûte en nuages bleuâtres. Alors elle entendit une voix derrière elle, une voix douce, et ferme pourtant, qui fit bondir son cœur... — Cette voix disait : Pauline, as-tu donc oublié ?... — ne sais-tu plus que nous nous aimons ?... — Pauline, je t'appartiens et tu dois m'appartenir... — Arrête, il en est temps encore !... — au nom de ton bonheur garde-toi ! garde-toi pour moi !... L'orpheline se retournait frémissante et voyait la noble figure du gentilhomme inconnu dont le regard était suppliant, mais qui, comme entraîné par une force invisible, s'éloignait d'elle en lui tendant les bras.

— Reste... — balbutia-t-elle... — ne t'en vas pas, si tu veux me sauver.

— Garde-toi ! répétait-il, garde-toi ! je reviendrai.

— Ah! — dit Pauline, — il sera trop tard.

— Oui, trop tard!... — s'écria le baron d'une voix sombre, — trop tard!... car tu es à moi, et rien au monde ne saurait t'arracher de mes mains!...

Au même instant l'église disparut ; — un site désolé, d'un aspect sinistre et terrible, remplaça la verte campagne. — Devant l'orpheline un abîme se creusa, plein de sombres vapeurs sous lesquelles on entendait mugir un torrent qu'on ne voyait pas. Pauline sentit son sang se glacer dans ses veines; une inexprimable terreur s'empara de tout son être; — elle voulut reculer; elle voulut fuir... Lascars saisit ses mains meurtries et la traîna vers le gouffre en lui disant :

— Tu ne m'échapperas pas!... — Regarde! voilà les domaines dont tu seras la dame et la maîtresse!... — viens avec moi, viens, ma fiancée... viens ma femme!

— Au secours! cria Pauline d'une voix défaillante, — au secours! il me tue!

Lascars lui répondit par un éclat de rire infernal. La malheureuse se débattit sous l'implacable étreinte... — elle espérait encore... — elle espérait toujours... — l'inconnu n'avait-il pas dit : *Garde-toi, je reviendrai!*... Elle lutta malgré sa faiblesse... — elle lutta longtemps!... Lascars grinçait des dents et redoublait d'efforts... — Pauline s'épuisait... De minute en minute, de seconde en seconde, la distance qui la séparait de l'abîme se faisait plus étroite. Soudain son cœur cessa de battre... La terre manqua sous ses pieds, elle se sentit rouler dans le vide...

. . . .

En ce moment l'orpheline ouvrit les yeux. — Il faisait grand jour. Elle vit au-dessus de sa tête le bénitier de faïence que couronnait l'image de la Vierge ; — elle vit en face de son lit les meubles grossiers mais propres de sa chambrette. Elle entendit, dans la pièce voisine, les allées et venues de madame Audouin qui retrouvait presque son activité juvénile pour mettre en ordre le pauvre ménage. Sa première pensée fut une pensée d'action de grâces.

— Mon Dieu, — murmura-t-elle, — je vous remercie! soyez béni! ce n'était qu'un rêve!...

Mais, presque aussitôt elle ajouta :

— Pourtant si c'était un présage !...

Pendant quelques minutes elle se plongea dans une muette et sombre rêverie, puis, comme les souvenirs du monstrueux cauchemar auquel nous avons assisté amenaient à leur suite de nouvelles angoisses en même temps qu'une défaillance presque complète de l'esprit et du corps, elle essaya de les mettre en fuite, ou du moins de leur donner le change en forçant sa pensée à se porter sur d'autres objets. Elle quitta ce lit qui venait d'être pour elle, pendant toute la nuit, une véritable couche d'agonie ; — elle revêtit rapidement une robe du matin, et elle alla rejoindre madame Audouin. L'excellente femme était dans le jardin. Elle glanait çà et là quelques fleurs devenues rares, les dernières de la saison, pour en garnir les deux vases qui formaient l'unique ornement de la maisonnette. En voyant venir Pauline elle poussa une exclamation de joie, qui se changea en un cri de surprise presque douloureuse lorsqu'elle regarda la jeune fille avec attention.

— Ah! grand Dieu, mon enfant chérie, balbutia-t-elle — qu'as-tu donc? est-ce que tu es malade ce matin!

— Non, ma bonne Audouin, pas le moins du monde...

— répondit l'orpheline en appelant sur ses lèvres pâles un sourire un peu contraint, pourquoi donc me demandes-tu cela ?

— Parce que tu as ta pauvre figure toute bouleversée... — tu me fais peur !... ça ne peut pas être naturel... Je suis sûre que tu souffres... — voyons, ne me fais point de petits mystères... — dis-moi bien vite ce que tu as... — Car enfin tu as quelque chose.

— Je n'ai rien, je te l'affirme... — Seulement j'ai dormi d'un sommeil troublé... J'ai fait de mauvais rêves...

— Pauvre chère enfant, c'est donc cela ! mais tu sais qu'il ne faut nullement croire aux rêves... — la religion le défend, et d'ailleurs les explications que certaines gens prétendent en donner, et les présages qu'ils en tirent, ce sont des contes de bonnes femmes, pas autre chose... — tu as trop d'esprit, ma chérie, pour te laisser influencer par des songes en l'air... — Voyons raconte-moi les tiens, et je me charge de te prouver, très clairement, qu'il en faut rire...

Après une ou deux secondes d'hésitation Pauline répondit, en rougissant involontairement de ce mensonge :

— Je ne saurais te les raconter, car c'est à peine si je m'en souviens...

— Ah ! tu les as oubliés si vite !... — Eh bien, tant mieux, après tout... — l'impression ne durera guère... — Elle s'efface déjà, je le vois, car tu étais pâlotte il n'y a qu'un instant, et voici tes jolies couleurs qui reviennent...

Pauline garda le silence. — La douce enfant, qui ne disait jamais que la vérité, venait de mentir à sa gouvernante. — Pourquoi ? — c'est qu'il aurait fallu, pour raconter son rêve, parler du gentilhomme inconnu, et rien au monde n'aurait pu l'y décider.

— Ma belle mignonne, — reprit madame Audouin, — deviens raisonnable tout à fait... Va te coiffer et fais ta toilette... — nous déjeunerons ensuite... — d'un moment à l'autre monsieur le baron peut arriver... il viendra de bonne heure aujourd'hui, la chose est plus que certaine... Songez que c'est demain le grand jour!... — Allons, chère petite baronne, embrassez-moi vite, et dépêchez-vous...

Les dernières paroles de la gouvernante firent renaître toutes les angoisses de Pauline en lui rappelant que son mariage devait être célébré le lendemain. Elle baissa vivement la tête afin de cacher les larmes qui venaient gonfler ses paupières, puis, reprenant le chemin de la maisonnette, elle regagna sa chambre, elle se jeta sur son lit, le visage caché dans l'oreiller, et pendant quelques minutes elle sanglota avec une violence et une amertume inexprimables. Les larmes la soulagèrent un peu. Elle se souvint que le temps passait; — alors, secouant l'immense découragement qui venait de s'emparer d'elle, elle commença sa toilette, baigna d'eau fraîche sa figure gonflée, ses paupières rougies, peigna ses longs et magnifiques cheveux blonds, les tordit négligemment derrière sa tête, et agrafa autour de sa taille ronde et souple le corsage de sa robe de laine brune. Cette toilette achevée, Pauline se laissa tomber sur une chaise, et de grosses larmes recommencèrent à couler, une à une, le long de ses joues. Les souvenirs de la nuit revenaient l'assaillir... — Elle revoyait le visage pâle et menaçant de Lascars penché sur elle comme dans son rêve, et elle se sentait entraînée de nouveau par lui vers l'abîme insondable, tandis que la voix affaiblie de l'inconnu murmurait vaguement à son oreille :

— Garde-toi ! je reviendrai !

Tout à coup, un flot de sang monta de son cœur à son front, son visage se releva, empreint d'une résolution frappante, et sous la double rangée de ses longs cils humides un éclair s'alluma dans ses prunelles de velours noir.

— Pourquoi m'abandonner ainsi, — se dit-elle, — à de vaines terreurs, à de lâches faiblesses?... — rien n'est désespéré, puisque rien n'est fini... — je suis encore maîtresse de moi... — je n'ai point dépassé la limite fatale où reculer devient impossible... — La vision de cette nuit était-elle un présage?... je veux le savoir, et je le saurai...

Aussitôt elle jeta sur ses épaules une mante de couleur sombre dont le capuchon rabattu cacha presque entièrement son visage. Elle épia madame Audouin ; — elle profita du moment où la bonne dame tournait le dos à la maisonnette, — elle ouvrit sans bruit la porte du jardin et elle s'achemina, d'un pas rapide, dans la direction de Bougival.

LX

TÉNÈBRES

Pauline suivit, sans rencontrer âme qui vive, la route ombragée de vieux ormes qui passait devant la machine de Marly et côtoyait ensuite de vastes terrains boisés. — Elle atteignit les premières maisons du village, elle gravit sur la droite un chemin montueux, et franchit le porche de la petite église placée à mi-côte et dominant la vallée de la Seine. — L'église était complètement déserte. — Un silence profond régnait sous ses voûtes, — le faible et doux parfum de l'encens refroidi saturait l'atmosphère tiède, et les rayons du soleil, passant à travers l'une des fenêtres, reproduisaient sur les dalles les figures naïves des vitraux enluminés. Pauline alla s'agenouiller devant l'autel ; — elle cacha sa tête dans ses mains et elle se mit à prier avec cette ardeur, avec cette exaltation des âmes pures qui croient, en un moment suprême, ne pouvoir mettre qu'en Dieu seul leur espoir et leur confiance... L'orpheline, en effet, venait demander à Dieu la clef de l'énigme terrible qui la faisait pâlir d'épouvante. — Elle implorait la solution de ses doutes. — Elle venait chercher la lumière. — Elle voulait savoir si le rêve de la nuit précédente était une vision prophétique ou un songe imposteur, et s'il fallait marcher avec confiance en avant ou reculer, craintive et défiante... La jeune fille pria longtemps, et comme l'image du gentilhomme inconnu, à mesure qu'elle élevait son âme et sa pensée vers le ciel, se dessinait devant ses yeux plus nette, plus vivante, plus lumineuse, elle se persuada que Dieu se servait de cette image pour lui répondre, et il lui sembla qu'elle entendait distinctement ces mots :

— Il faut attendre... — C'est celui-là que tu dois aimer...

On croit facilement ce qu'on désire. — Pauline ne mit point en doute la réalité de cet ordre, ou plutôt de ce conseil venu d'en haut. — Elle ne savait rien de l'amour, mais déjà elle aimait à son insu. — Son âme innocente appartenait tout entière à l'inconnu, à son sauveur de la nuit du 30 mai... La fiancée de Lascars sortit de l'église presque entièrement rassurée, et convaincue que, par la volonté de Dieu, elle venait d'éviter un malheur à peu près inévitable. Elle ne mettait plus en doute que le rêve effrayant qui l'avait si profondément agitée fut un avertissement céleste, dont la signification, désormais, lui semblait claire comme le jour. — Quoi de plus facile à interpréter, en effet? — N'était-il pas de la dernière évidence que son mariage avec le baron devait l'entraîner dans un abîme de malheurs, et que l'unique moyen d'éviter cette infortune était de temporiser sagement, et d'attendre cet époux mystérieux que lui gardait la destinée?... — Pauline se disait cela en descendant la pente du coteau sur lequel était située l'église. — Elle se le répétait en reprenant le chemin qui devait la ramener à la petite maison du Bas-Prunet et, soulagée d'un lourd fardeau par la résolution qu'elle venait de prendre, elle souriait à l'avenir inconnu dans lequel elle allait rentrer... Tout à coup elle tressaillit et elle se sentit prise d'un trouble profond et d'un grand effroi... Pour la première fois, depuis le brusque revirement de ses volontés et de ses projets, elle venait de songer aux difficultés de sa situation présente. — Ces difficultés, nous devons en convenir, n'étaient pas de mince importance, et pouvaient suffire à mettre sens dessus dessous une tête plus solide que celle de Pauline Talbot. Comment, en effet, rompre sans scandale, au dernier moment, un mariage librement consenti et qui devait se célébrer le lendemain?... — Comment dire au fiancé plein d'amour et d'impatience : — *Je ne veux plus de vous... reprenez votre parole et rendez-moi la mienne!...* — De quel prétexte colorer ce caprice étrange, cette versatilité subite et incompréhensible, qui vis-à-vis de Lascars passerait à bon droit pour le plus sanglant, pour le plus immérité de tous les outrages? — Quelle faute, en effet, le baron avait-il commise pour démériter? — Ne s'était il pas montré, dès le premier jour, un modèle accompli de toutes les qualités sérieuses et brillantes? — Générosité chevaleresque, courage, loyauté sans tache, dévouement sans bornes, il possédait ces nobles vertus ! — Il ne lui manquait rien de ce qu'une jeune fille peut ambitionner dans l'homme dont elle portera le nom... — Lascars, humilié et désespéré, — Lascars blessé tout à la fois dans son amour et dans son orgueil, voudrait à bon droit connaître les motifs de l'arrêt prononcé contre lui...

Il n'était point de ceux qu'on chasse, à son gré, comme des laquais... — Il y aurait, de sa part, révolte... — il interrogerait ; — il exigerait une explication... — Que lui répondre ? — Etait-il possible de dire à ce galant homme, à ce gentilhomme :

— J'ai rêvé que je serais malheureuse avec vous, en conséquence je vous repousse après vous avoir accepté, et j'attends, pour lui confier mon avenir et mon bonheur, un homme que je n'ai vu qu'une fois, un homme dont j'ignore le nom, et qui, selon toute apparence, ne se souvient même pas que j'existe.

Et madame Audouin?... — Quelle douleur serait la sienne ! — La rupture d'un mariage qu'elle appelait de tous ses vœux et qui devait combler ses plus chères espérances n'allait-elle pas lui porter un coup funeste et peut-être mortel?... De quelle force surhumaine Pauline ne devrait-elle pas être douée, pour résister aux larmes, aux gémissements, aux supplications de l'excellente femme qui lui avait donné, depuis son enfance, tant de preuves d'une inaltérable affection ? Ces pensées confuses, et bien d'autres encore qui tiendraient trop de place en ces pages, s'agitaient tumultueusement dans le cerveau de l'orpheline, comme les feuilles sèches que le vent d'automne fait tourbillonner.

— Ah ! — murmura Pauline en s'arrêtant machinalement, — il me semble que je deviens folle...

Elle se trouvait en ce moment près d'un banc de pierre grossièrement construit, placé sur le bord de la route, sous l'ombrage d'un orme deux fois séculaire.

Elle se laissa tomber sur ce banc; — elle appuya ses coudes sur ses genoux, prit sa tête entre ses deux mains et s'efforça de calmer, par la réflexion, le désordre inquiétant de son esprit. Ce fut une vaine tentative. —
— La lumière ne se fit point au milieu du chaos que dominait une seule idée, celle de s'obstiner dans une résistance inflexible et ne se point laisser entraîner à l'abîme, c'est-à-dire au mariage.

— Je me garderai pour LUI... — disait la jeune fille à demi-voix, sans presque avoir conscience de ses paroles.
— IL reviendra... j'ai la certitude qu'il reviendra... — Dans mon rêve il me l'a promis... Au bout de quelques minutes, elle ajouta :

— Décidément je deviendrais folle si je continuais à penser... — Je remets l'avenir entre les mains de Dieu... — C'est lui qui m'a dicté ma résolution... — il me donnera la force de l'accomplir...

L'orpheline quitta le banc de pierre, et elle allait se remettre en marche lorsque son attention fut sollicitée par un bruit soudain et un mouvement inaccoutumé. Un valet en livrée verte galonnée en or, portant un chapeau lampion à cocarde rouge, une culotte blanche de peau de daim et de hautes bottes à l'écuyère, passait devant la jeune fille au plus rapide galop d'un cheval normand de haute taille. Ce valet, venant du côté de Saint-Germain et se dirigeant vers Paris, servait de coureur à un équipage d'une richesse et d'une élégance merveilleuses, qu'il précédait de cent cinquante ou deux cents pas. C'était une voiture découverte, attelée en poste à quatre chevaux couverts de grelots, et conduits par deux postillons en livrées pareilles à celle du coureur. Le manteau d'hermine de la pairie s'étalait au milieu des panneaux, supportant des armoiries doubles, timbrées de la couronne ducale. Deux grands laquais, galonnés sur toutes les tailles, se tenaient debout sur l'arrière-train. Tout cela menait grand tapage et filait comme la foudre. Pauline n'était point de ces filles d'Eve que la vue d'un luxe princier remplit de trouble, d'admiration et d'envie... — En ce moment surtout que lui importait la splendeur d'un équipage aristocratique? — C'est à peine si elle se sentait disposée à faire l'aumône d'un regard distrait aux *actions* magnifiques de ces chevaux impétueux, aux dorures de ce carrosse éblouissant, aux livrées des postillons et des laquais. Et cependant, à l'instant précis où l'attelage glissa devant elle avec un train de locomotive, ses yeux s'agrandirent et prirent une étrange expression de stupeur douloureuse; — elle poussa un gémissement sourd et, perdant l'équilibre comme une fleur dont on vient de briser la tige, elle tomba sur le bord de la route, évanouie, les épaules appuyées au banc de pierre à côté duquel elle se trouvait et qui l'empêcha de rouler dans la poussière. La pauvre enfant venait de voir et de reconnaître, au fond de ce carrosse princier, et à côté d'une jeune femme d'une grande beauté, le gentilhomme inconnu de la nuit du 30 mai !...

— Il est marié ! — s'était-elle dit. — Rêve menteur, tu m'as fait bien du mal !..

Et elle avait perdu connaissance.

. . . .

Un quart d'heure, tout au plus, après le départ de Pauline pour Bougival, Lascars vint frapper doucement à la porte du jardin de la maisonnette, et cette porte lui fut ouverte par la gouvernante, qui n'avait point encore constaté l'absence de sa pupille chérie et qui fit, en voyant le visiteur, un geste de joyeux étonnement.

— Si matin, monsieur le baron !... — s'écria-t-elle.

— Trop matin, n'est-il pas vrai, chère madame Audouin ? — répliqua Lascars avec un sourire.

— Oh ! monsieur le baron, je ne dis pas cela...

— Vous ne le dites pas, chère madame Audouin, mais vous le pensez, ce qui revient au même.

— Il est certain, monsieur le baron, que nous ne vous attendions qu'un peu plus tard.

— Dois-je me retirer ?

— Par exemple ! — que Dieu vous en garde !... — Vous êtes toujours le bien venu, vous le savez du reste... — Et d'ailleurs, la veille du mariage, un fiancé doit avoir quelques petits privilèges... — Je n'ose cependant vous prier de déjeuner avec nous, car je crois qu'en vérité nous aurions trop peu de chose à vous offrir...

— J'ai déjeuné tout à l'heure à Bougival.

— Ah ! vous avez déjeuné... — Tant mieux... — Vous venez donc de Bougival, monsieur le baron ?

— Oui, par eau. — Je viens de descendre la Seine dans ma barque. — J'étais allé prier monsieur le tabellion de vouloir bien se rendre ici, dans l'après-midi, avec ses papiers timbrés.

— Le tabellion ?... qu'a-t-il à faire chez nous, s'il vous plaît ?

— Une chose très importante. — Il doit vous donner lecture du contrat de mariage et le présenter à la signature de notre chère Pauline.

— Un contrat de mariage, était-ce bien utile ?

— Sans doute, puisque cet acte établit une communauté parfaite d'intérêts entre Pauline et moi, de telle sorte que l'un de nous ne saurait posséder quoi que ce soit qui n'appartienne également à l'autre.

— Mais, monsieur le baron, — fit observer timidement madame Audouin, — vous savez que la chère enfant ne possède absolument rien.

— Certes, je le sais...

— Eh bien ?

— Eh bien, c'est justement à cause de cela, et parce que, moi, je suis riche, que je veux établir entre nous cette absolue communauté dont je vous parlais à l'instant.

Madame Audouin regarda Lascars d'un air attendri, — elle essuya deux larmes de joie qui perlaient au coin de ses yeux, et elle fut obligée de lutter vigoureusement contre elle-même pour ne se point jeter au cou du gentilhomme.

— Ah ! monsieur le baron... ah ! mon cher enfant... — balbutia-t-elle, — quelle générosité !... quel désintéressement !... quelle grandeur !...

— Chut ! chut ! bonne madame Audoin, — dit Roland avec vivacité, — pas un mot de plus à ce sujet, je vous en supplie... — Vous me désobligeriez fort en insistant. — J'agis comme je dois agir, et mon mérite est fort médiocre, je vous le jure...

— Allons, puisque vous le voulez absolument, je me tais... — Mais vous ne m'empêcherez pas de vous élever un autel dans mon cœur, homme incomparable !... Ah ! non, vous ne m'en empêcherez pas !

— Puis-je voir Pauline ?

— Sans aucun doute... — Elle doit être prête... — Je vais la chercher.

Et madame Audouin se dirigea vers la maisonnette, en appelant :

— Pauline... Pauline...

LXI

RÉSOLUTION

Aucune réponse ne fut faite aux appels réitérés de madame Audouin, et cela pour la meilleure de toutes les raisons.

La digne femme, fort intriguée du silence de Pauline, entra dans la maisonnette, la trouva vide, et en ressortit aussitôt avec un visage sur lequel se peignaient l'étonnement et l'inquiétude.

— Elle n'est pas là... — murmura-t-elle.

— Vous en êtes sûr ? — demanda vivement Lascars.

— Que trop !... — la maison est petite... — il n'y a pas moyen de s'y cacher...

— Où peut-elle être ?

— Je cherche vainement à le deviner... elle était au jardin, il y a tout au plus dix minutes, causant avec moi... — Jo lui ai fait observer que l'heure s'avançait, que vous arriveriez bientôt et qu'il lui restait juste le temps de faire sa toilette... — là-dessus elle m'a quittée... je la croyais là... j'aurais mis ma main au feu qu'elle pouvait m'entendre...

— Mademoiselle Talbot — dit Lascars d'un ton un peu rogue, — a-t-elle donc l'habitude de sortir ainsi seule, le matin, sans vous prévenir?...

— Jamais! s'écria madame Audouin — ni le matin, ni à midi, ni le soir... Depuis qu'elle est au monde il n'est pas arrivé une seule fois à la chère enfant de mettre les pieds dehors sans son père, quand il vivait, ou sans moi, depuis que le digne monsieur Talbot est mort.

— Cependant, ce matin?...

— Oui... elle est sortie, c'est vrai... je n'y comprends rien... — il lui aura passé dans la tête quelque idée fantasque... — Mais elle va rentrer, elle nous expliquera tout, et vous verrez, j'en suis sûre, que rien n'est plus simple et plus naturel...

— Puisque Pauline était auprès de vous il y a dix minutes, elle ne saurait être loin, reprit Lascars.

— Certainement...

— Peut-être revient-elle déjà...

— Oh! mon Dieu, c'est très probable...

Le baron, suivi de madame Audouin, ouvrit la porte du jardin et regarda sur la route. — Tout était désert, à droite et à gauche, aussi loin que le regard pouvait s'étendre.

— Vous le voyez... — murmura-t-il — rien...

Et, tout bas il ajouta :

— C'est étrange !...

— Attendons un peu... dit madame Audouin toute tremblante, je sais bien, moi, qu'elle va revenir...

Cinq minutes, puis dix, puis un quart d'heure s'écoulèrent dans cette attente qui semblait bien longue aux deux personnages debout sur le seuil de la maisonnette du Bas-Pranet. A mesure que le temps passait Lascars fronçait le sourcil, son visage devenait soucieux, et son pied frappait le sol avec impatience. — D'étranges idées commençaient à se présenter à son esprit. — Il se demandait si Pauline n'avait pas voulu le fuir, et si les brillants espoirs échafaudés par lui sur son mariage, n'allaient pas s'écrouler avec fracas et l'ensevelir sous leurs décombres ?... — Son imagination assombrie prévoyait tous les malheurs possibles, et il admettait comme vraisemblables toutes sortes de catastrophes insensées... — Madame Audouin gardait le silence, mais sa poitrine se soulevait violemment et elle se sentait près de défaillir. — La sortie matinale et en quelque sorte furtive de Pauline prenait pour elle les proportions d'un événement énorme, absolument incompréhensible. En ce moment passa le coureur qui précédait le carrosse dans lequel se trouvait le marquis Tancrède d'Hérouville, puis arriva ce carrosse lui-même. Lorsque l'équipage ne fut qu'à une faible distance Lascars, craignant d'être aperçu par quelque seigneur de ses anciennes connaissances abaissa son chapeau sur ses yeux et se retourna à demi, mais il ne lui fallut qu'un coup d'œil, au moment où la voiture se trouvait en face de lui, pour reconnaître celui dont il s'était déclaré l'ennemi mortel et qu'il avait voulu faire lâchement assassiner au bac du château de Randan. — Tout son corps tressaillit de haine ; — un double éclair jaillit de ses yeux ; — pendant une seconde il oublia Pauline, et ses lèvres murmurèrent, avec une expression infernale :

— Ah ! si j'étais seul sur cette route et si je tenais un fusil ! — mais patience ! mon jour viendra !...

L'équipage disparut dans la poussière qu'il soulevait, et Lascars, secouant ses aspirations homicides, revint à ses premières pensées, à ses fâcheuses préoccupations.

— Madame Audouin — fit-il tout à coup, — savez-vous bien que je commence à craindre un malheur...

— Un malheur ! — s'écria la gouvernante, bouleversée jusqu'au plus profond de son âme par ces paroles sinistres — un malheur, grand Dieu, monsieur le baron !... et, lequel ?...

— Je n'en sais rien, mais je tremble... — j'ai des pressentiments funestes... — L'absence de mademoiselle Talbot se prolonge, vous le voyez, au-delà de tout ce qu'il était raisonnablement possible de supposer...

— C'est vrai... Ce n'est que trop vrai, monsieur le baron... — balbutia la bonne dame, — mais que prétendez-vous en conclure ?...

— Je l'ignore... — je ne conclus rien... je ne prévois rien... — l'inquiétude ne raisonne pas... — J'ai peur... voilà tout...

— Que faire ?

— Allons à la recherche de Pauline...

— Où ?

— Marchons au hasard, puisque le hasard peut seul nous guider...

— Vous avez raison... toujours raison, monsieur le baron... — Mieux vaut cent fois aller à la rencontre de la chère petite, que de l'attendre ici en nous brûlant le sang comme nous sommes en train de le faire...

Lascars et madame Audouin pouvaient tourner à gauche ou tourner à droite, prendre la direction de Saint-Germain ou celle de Bougival ; — le hasard leur fut favorable et les conduisit du côté de Bougival. Après un quart d'heure environ de marche silencieuse, le baron fit entendre une sourde exclamation.

— Qu'y a-t-il? demanda vivement la gouvernante.

— Ne voyez-vous pas comme moi, là-bas, sous les arbres, quelque chose qui ressemble à un corps de femme étendu au bord de la route?... — regardez,... regardez...

— Mes yeux ne valent pas les vôtres, monsieur le baron... cependant, il me semble... vous me faites frémir... grand Dieu ! si c'était...

— Nous allons le savoir à l'instant... — continua Lascars.

Le gentilhomme allongea le pas et franchit la distance qui le séparait de l'objet signalé par lui. Au moment de l'atteindre il se retourna vers madame Audouin qui, malgré ses efforts, ne parvenait point à le suivre, et il lui cria :

— Je ne me trompais pas... — c'est elle !... — venez, chère madame, venez vite...

— Dieu puissant ! — balbutia la bonne dame, écrasée de douleur et d'épouvante, en élevant ses mains vers le ciel et en s'agenouillant à côté de la jeune fille — Dieu puissant ! qu'est-il arrivé?... elle est sans connaissance !...

— Ce qui est arrivé ! répondit brusquement Lascars, elle seule pourra nous l'apprendre ; le plus pressant est de la ranimer.

— Mais comment ?...

— Asseyez-vous... appuyez sur vos genoux la tête de Pauline... Je vais descendre la berge et rapporter de l'eau...

Lascars, joignant l'action aux paroles, disparut sur le talus rapide de la rive et revint au bout d'une seconde avec son mouchoir tout ruisselant. A peine le tissu mouillé eût-il touché le front et les tempes de l'orpheline que cette dernière fut rappelée à elle-même par ce contact glacial. — Elle ouvrit les yeux; son regard, en rencontrant les visages inquiets du baron et de madame Audouin penchés sur elle, n'exprima pas le moindre étonnement, et même un sourire mélancolique se dessina sur ses lèvres.

— Heureusement vous êtes venus, mes amis... — dit-elle d'une voix très faible et néanmoins distincte — oui, heureusement, car, vous voyez, je ne pouvais pas revenir...

— Mon Dieu... mon Dieu, chère Pauline, enfant cruelle — s'écria madame Audouin en couvrant de baisers le front pâle de la jeune fille — que tu nous as fait peur !... — ah ! méchante fille, je te déteste !...

— Eh ! bien, maintenant, te voilà rassurée, n'est-ce pas ?... — demanda l'orpheline avec un nouveau sourire, tu dois te remettre à m'aimer...

— Pas encore tout à fait... — répondit Madame Audouin — nous voudrions savoir, d'abord, monsieur le baron et moi...

Elle s'interrompit.

— Vous voudriez entendre de ma bouche le récit de ma folie ?... — acheva Pauline.

— C'est donc une folie ?...

— Oui, c'en est une... je ne demande pas mieux que d'en convenir...

— Ah ! chère bien-aimée, dit Lascars, cette folie, j'en suis sûr d'avance, est douce et innocente comme vous...

— Vous allez en juger... — ce matin j'étais triste... — ma bonne Audouin sait pourquoi...

— Oui... oui... dit vivement la gouvernante — tristesse d'enfant, monsieur le baron... — Elle avait fait de mauvais rêves...

— Comme je ne pouvais chasser cette tristesse — reprit la jeune fille, je sentis le besoin de prier Dieu... je sortis sans prévenir ma bonne Audouin qui aurait trouvé une foule de raisons excellentes pour me retenir et je m'en allai droit à l'église de Bougival... En revenant, je me suis sentie prise tout à coup d'une grande faiblesse, j'ai perdu connaissance et je vous ai, paraît-il, inquiété beaucoup sans le vouloir... — Vous en savez maintenant aussi long que moi-même... me pardonnez-vous ?

Madame Audouin lança sur le baron un regard de triomphe... Ce regard, plein d'une muette éloquence, signifiait clairement :

— Vous le voyez, moi j'étais bien certaine que Pauline ne pouvait rien faire de mal, et que tout s'expliquerait à sa louange...

Lascars répondit par un signe affirmatif. — Il prit ensuite la main de la jeune fille et, appuyant ses lèvres sur cette main, il demanda :

— Vous sentez-vous mieux, chère Pauline ?...

— Je me sens même tout à fait bien... — répondit l'orpheline — et je crois que dès à présent je pourrai marcher, en m'appuyant un peu sur vous...

— Voulez-vous essayer ?

Pauline à l'instant se souleva et, bien que faible encore, et chancelante, elle parvint sans trop de peine, grâce au bras de Lascars, à regagner la petite maison. A peine arrivée elle fut la première à parler de la cérémonie qui devait avoir lieu le lendemain, et tandis qu'elle en parlait, aucune ombre de tristesse ne se montrait sur son fier et charmant visage. Un grand changement venait de se faire en elle... un soudain coup de tonnerre avait dispersé les illusions vaines conservées par elle jusqu'à ce jour, et ravivées la nuit précédente par un rêve auquel elle ne pouvait plus ajouter foi. Maintenant qu'elle avait revu le gentilhomme inconnu de la nuit du 30 mai, maintenant qu'elle le croyait marié, par conséquent perdu pour elle, elle se sentait forte contre un souvenir qui devenait coupable, contre un amour qui se changeait en crime, et librement, d'un cœur assuré, d'une volonté ferme, elle cherchait dans son mariage avec Lascars, sinon le bonheur, du moins un refuge et le repos.

LXII

TANCRÈDE

Il y a quelques années la route de Paris à Saint-Germain côtoyait pendant plus de deux kilomètres, avant d'arriver aux premières maisons du village de Port-Marly, une longue muraille mal entretenue, et passait devant une grille d'un aspect monumental dont les pilastres offraient encore le cachet du grand siècle, malgré la mousse et les lichens qui les rongeaient de toutes parts. Le voyageur qui jetait un coup d'œil à travers les barreaux rouillés de cette grille apercevait d'immenses terrains dans un état d'abandon à peu près complet et, tout à fait à l'horizon, une haute et sombre construction menaçant ruine, cachée à demi par des rideaux de grands arbres. Çà et là, parmi le désordre et la végétation luxuriante d'une véritable forêt vierge de plantes parasites, on voyait des statues de dieux et de déesses qui semblaient planer sur un océan de verdure, car les broussailles épaisses cachaient leurs piédestaux. Ces vastes espaces et ce bâtiment dégradé constituaient jadis le château et le domaine seigneurial de Port-Marly. A l'époque où se passaient les faits que nous racontons, ce château et ce domaine étaient à bon droit cités parmi les plus belles résidences des environs de Paris. L'habitation avait été construite par Mansard, les jardins dessinés par Lenôtre. Partout les charmilles taillées correctement s'alignaient avec une régularité grandiose en des perspectives infinies ; — partout s'étageaient des terrasses élégantes aux larges escaliers et aux balustrades de pierre polie comme du marbre ; — partout enfin, au milieu d'un Olympe de statues, au milieu d'un Eden de fleurs rares aux couleurs variées, les bassins étalaient le cristal de leurs eaux d'où jaillissaient des gerbes mouvantes... Ce délicieux séjour était la propriété du marquis de Nolay, très riche et très vieux garçon, oncle maternel de Tancrède d'Hérouville. Au moment où Roland de Lascars ourdissait au Moulin-Noir la trame dont son mariage avec Pauline Talbot devait être le résultat, le marquis de Nolay se laissait mourir, léguant à Tancrède sa fortune entière dont le château de Port-Marly faisait partie. La présence du marquis d'Hérouville sur la route de Saint-Germain à Paris, à l'heure où Pauline, quittant l'église de Bougival, retournait au Bas-Prunet, n'était donc en aucune façon due au hasard. Tancrède, après avoir passé deux jours à visiter en détail son nouveau domaine avec sa sœur, la duchesse de Randan, reprenait dans le carrosse de cette dernière le chemin de la grande ville. Ni le frère ni la sœur, qu'une conversation intéressante absorbait, n'avaient aperçu la jeune fille au passage.

— Tancrède — disait la duchesse — tu portes l'un des plus beaux noms de France.

— Certes, ma sœur, et j'en suis fier ! — répondait le marquis — et, s'il plaît à Dieu, je ne laisserai pas ce beau nom s'amoindrir en moi !...

— Tu possèdes une fortune immense, qui vient de s'augmenter encore de plus de cent mille livres de rentes...

— Je suis riche, c'est vrai... très riche... trop riche même ! — Je souffre parfois de voir s'entasser en mes mains autant d'or inutile...

— Tu as trente ans passés — reprit la duchesse.

— Tu pourrais même dire trente-et-un, chère sœur, car ma trente-et-unième année est accomplie depuis huit jours... — Pourquoi me rappelles-tu tout cela ?

— Pour en arriver à te demander si ton nom, ta fortune et ton âge ne te disent point parfois avec éloquence que tu as un grand devoir à remplir envers ta race et envers le monde, et qu'il ne faut pas différer plus longtemps !...

— Un grand devoir, dis-tu... — lequel ?...

— Celui de te marier, tandis que tu es dans toute ta jeunesse et dans toute ta force, pour voir grandir autour de toi de dignes héritiers de ton nom et de ta fortune !...

Tancrède secoua doucement la tête.

— Me marier... — répéta-t-il — je sais bien que c'est ton rêve, chère sœur... — mais il faut te résigner à attendre encore, ce rêve ne se réalisera pas maintenant...

— Pourquoi ?

Tancrède garda le silence.

— Tu sais, — reprit la duchesse — que les familles

les plus illustres seraient heureuses et fières de ton alliance... — Tu sais combien d'ouvertures m'ont été faites directement et indirectement à ce sujet... — tu peux choisir parmi toutes les nobles et belles fleurs de l'aristocratie, avec la certitude de ne point éprouver de refus... — Ce choix, qui t'empêche de le faire ?

Le marquis ne répondit pas plus à cette question qu'il n'avait répondu à la précédente.

— N'es-tu donc point blasé sur ces triomphes que rendent pour toi si faciles ta beauté, ton élégance et ton esprit ?... — continua madame de Randan — chercheras-tu longtemps encore le plaisir dans les tendresses de passage qui ne sauraient te donner le bonheur ?...

— Chère sœur — dit Tancrède d'un ton sérieux qui ne permettait point de mettre en doute la parfaite sincérité de ses paroles — tu me juges mal en ce moment !... — Ces faciles succès dont tu parles, ces tendresses éphémères, sont à jamais finis pour moi...

— Bien vrai ? — s'écria la duchesse avec une expression de joie profonde.

— Foi de gentilhomme !

— Je te crois Tancrède, je te crois !... — mais alors, puisqu'il en est ainsi, quelle est donc la raison qui t'empêche de fixer ta vie ?

— Tu veux connaître cette raison ?

— Je te supplie de me l'apprendre...

— Eh bien, c'est ma loyauté native qui me défend le mariage.

Madame de Randan regarda son frère avec un étonnement manifeste.

— Je ne puis te comprendre... — dit-elle.

— Je vais m'expliquer ; — écoute... — J'ai le droit

n'est-il pas vrai, de demander à celle qui deviendra la compagne de mon existence, son âme et son cœur tout entiers?

— Certes tu as ce droit...

— Un droit, quel qu'il soit, suppose un devoir — reprit le marquis ; — or, mon devoir impérieux, mon devoir d'honnête homme, est évidemment de ne point donner à ma femme, en échange de son cœur plein de moi, mon cœur rempli d'une autre image...

— Ton cœur rempli d'une autre image! — répéta la duchesse stupéfaite — mon frère, tu aimes donc?...

— J'aime — dit le marquis avec simplicité.

— Il m'est impossible d'admettre que ton amour se soit égaré... — continua madame de Randan. — Celle que tu aimes est certainement digne de toi... — Pourquoi donc ne lui donnes-tu pas ton nom? — Pourquoi donc ne devient-elle pas ma sœur?...

— Pour une raison sans réplique...

— Elle est mariée, peut-être?... — fit vivement la jeune femme.

— Ma sœur, tu vas me prendre en pitié! — tu vas te dire : *Tancrède est fou !* — Celle que j'aime, je ne la connais pas...

— Ceci est une énigme, sans doute ?

— Non, ma sœur... — malheureusement c'est la vérité...

Monsieur d'Hérouville raconta rapidement à la duchesse l'histoire de la nuit du 30 mai.

— Depuis cette funeste nuit — dit-il en achevant son récit — l'image enchanteresse de cette enfant blonde aux yeux noirs ne m'a plus quitté, et j'ai grandement peur, hélas, qu'elle ne me laisse jamais en repos.

Pendant quelques minutes madame de Randan resta

silencieuse et parut se livrer à des réflexions profondes ; — ensuite elle regarda son frère ; — elle prit une de ses mains avec précaution, comme on prendrait la main d'un malade, et elle la serra doucement dans les siennes. Un sourire vint aux lèvres de Tancrède.

— Je t'en avais prévenu — dit-il. — Tu le vois bien... tu me crois fou...

La duchesse secoua la tête à son tour, et répliqua :

— Pas le moins du monde... — Ce que je viens d'apprendre m'a donné quelques instants d'inquiétude, c'est vrai, mais j'ai réfléchi et me voici déjà rassurée...
— Dans tout cela, je le vois maintenant à merveille, il n'y a rien de sérieux...

Tancrède tressaillit.

— Rien de sérieux ! — s'écria-t-il.

— Non, mon frère... — ton cœur, que tu crois pris, est parfaitement libre... — ton imagination seule est occupée... — l'étrangeté de la situation, le mystère des circonstances, ont agi sur toi avec plus de force que la beauté même de ton inconnue, qui peut-être était tout simplement quelque grisette...

— Une grisette ! — interrompit le marquis avec feu — allons donc ! — c'est impossible !

— Pourquoi impossible ?

— Elle avait l'air d'une jeune reine...

— Ceci ne prouve rien... — J'ai rencontré plus d'une enfant du peuple, plus d'une lingère, plus d'une brodeuse, dont quelques duchesses et quelques marquises de ma connaissance, riches en parchemins mais non pas en beauté, auraient payé bien cher le délicieux visage...

— On peut se tromper au visage, je te l'accorde —

dit Tancrède — mais la distinction ?... mais la tournure ?

— Eh ! mon frère, — s'écria madame de Randan — le premier joli garçon venu ne pourra certes pas se changer en grand seigneur, mais de presque toutes les jolies filles on pourrait au besoin faire de grandes dames ! — peu importe d'ailleurs. — Cette enfant blonde était belle, incontestablement, puisqu'un connaisseur tel que toi a daigné lui faire l'honneur de la remarquer, mais j'ai la conviction très absolue que si, depuis le 30 mai, de fatale mémoire, tu avais rencontré deux ou trois fois ton enchanteresse aux yeux noirs, tu ne penserais plus à elle aujourd'hui...

— Et moi — répliqua fermement Tancrède — j'ai la certitude du contraire...

— Soit... — mais enfin, puisqu'elle est perdue, que vas-tu faire ?

— Continuer ce que je fais... — la chercher partout... — remuer Paris pour la retrouver...

— Et, si tu la retrouves, l'épouseras-tu ?

Tancrède baissa la tête et ne répondit pas d'abord.

— Ah ! tu le vois bien, mon frère... — ajouta vivement la duchesse — tu hésites ! — tu te tais... tu n'oses me répondre...

— Sur mon honneur — dit alors le marquis d'un ton solennel — si je retrouve cette enfant, si elle est d'une famille honnête et d'une honnête vie, et si elle veut m'aimer comme je l'aime — sur mon honneur, je l'épouserai !

Ces paroles s'échangeaient dans le carrosse de la duchesse de Randan, au moment où ce carosse traversait Bougival, laissant derrière lui, sur le rebord du chemin, Pauline évanouie...

Il ne faut pas croire aux pressentiments! — Rien n'avertit le marquis d'Hérouville qu'il venait de passer si près de la jeune fille à qui son âme tout entière appartenait, et que l'abîme infranchissable du mariage séparerait de lui quelques heures plus tard!.. — Rien ne tressaillit en lui!... — aucun trouble intérieur ne lui vint révéler la présence de cette enfant que sa vue seule avait foudroyée! Le brillant équipage continua sa route vers Paris, emportant la duchesse très soucieuse, très attristée de ce qu'elle venait d'entendre, et Tancrède un peu ému d'avoir pour la première fois confié son secret et exprimé si nettement sa résolution. — Dans l'après-midi de ce même jour, le tabellion de Bougival vint au Bas-Prunet, et le contrat de mariage dont le baron avait parlé à madame Audouin fut dûment signé et paraphé par les futurs époux. — Le lendemain, à dix heures du matin, l'orpheline s'agenouillait à côté de Roland, dans cette même église où la veille, tremblante et toute en pleurs, elle avait tant prié... Quand elle en sortit, son avenir semblait irrévocablement fixé. — Elle était baronne de Lascars devant Dieu et devant les hommes.

LXIII

L'HOTELLERIE DU FAUCON-BLANC

Pendant la dernière partie du siècle dernier, l'hôtellerie du *Faucon-Blanc*, à Aix-la-Chapelle, jouissait d'une réputation méritée. Nulle part on ne pouvait trouver dans la ville meilleur lit, meilleure table, meilleur vin du Rhin, et les voyageurs n'avaient même pas l'idée de descendre ailleurs. — L'hôte était un vieil israélite allemand, converti au catholicisme par spéculation. — Désireux par-dessus toutes choses de faire, ou plutôt d'augmenter sa fortune, et convaincu que la religion Judaïque lui ferait un tort important en éloignant de sa maison une clientèle considérable, il avait solennellement abjuré au moment où il prenait la direction de l'hôtellerie du *Faucon-Blanc*, de telle sorte qu'après avoir été juif médiocre il était devenu mauvais chrétien, en même temps qu'aubergiste modèle. Cet homme se nommait Otto Butler; — il n'avait jamais voulu se marier; — il dépassait la soixantaine

12.

et il n'aimait ici-bas que quatre choses, mais il les aimait tendrement. — Ces choses étaient : — l'argent, le vin de Rhin, la bière brune dans un grand verre à facettes, et enfin le tabac blond dans une pipe de porcelaine émaillée à long tuyau de cerisier. Petit, très gros, complètement chauve, et portant une forte barbe crépue et grisonnante, Otto Butler offrait un aspect presque comique, et rien ne se pouvait imaginer de plus débonnaire que l'expression habituelle de son large visage rubicond. Sa politesse atteignait toujours et dépassait souvent les limites de l'obséquiosité servile. — Sa courte échine jouissait d'une souplesse incomparable, et se courbait cent fois par jour, au grand détriment des épaules qui s'arrondissaient peu à peu. Hâtons-nous d'ajouter que cette débonnaireté apparente et cette humilité continuelle n'avaient au fond rien de sincère. L'ex-juif, toujours à plat ventre devant les gens, lorsqu'il croyait pouvoir tirer d'eux quelque profit, devenait en réalité féroce comme un tigre aussitôt que ses intérêts pécuniaires lui paraissaient compromis le moins du monde. Rien ne lui semblait plus précieux et plus sacré qu'une pièce d'or, et il aurait, sans la moindre hésitation, coupé la gorge à ses débiteurs, s'il avait cru pouvoir se payer avec leur sang. Rien n'égalait d'ailleurs l'activité d'Otto Butler et le soin infatigable avec lequel il s'occupait des moindres détails du service dans sa maison. — Non seulement il surveillait sans cesse ses valets, mais encore il mettait la main à la besogne avec eux et plus qu'eux, ne tolérant aucune négligence et faisant régner en toutes choses un ordre incomparable. Le ci-devant juif avait eu l'intelligence de comprendre que pour attirer de riches et nombreux clients, il fallait les satisfaire... —

Il agissait en conséquence, et s'en trouvait bien ; — l'hôtellerie regorgeait de monde, la bonne renommée de son enseigne s'accroissait de jour en jour, et la fortune du propriétaire suivait la même marche ascendante.

A la fin du mois d'octobre 1773, c'est-à-dire trois ans environ après le mariage de Roland de Lascars et de Pauline Talbot, célébré dans l'église de Bougival, un personnage d'une trentaine d'années, qu'à sa tournure et à son costume il était facile de reconnaître pour un Français et pour un gentilhomme, traversa d'un pas leste la petite place à l'une des extrémités de laquelle s'élevait l'hôtellerie du *Faucon-Blanc* et franchit le seuil de la haute et large porte cochère. Il était environ huit heures du soir. — Otto Butler, après avoir présidé de sa personne au service d'une table d'hôte de soixante couverts, — après avoir éperonné de la voix et du geste les cuisiniers, les marmitons, les sommeliers, les garçons de salle, prenait un peu de repos dans une petite salle servant de bureau et dont la porte vitrée donnait sous la voûte. Cette porte était ouverte. Le ci-devant juif, assis devant un guéridon supportant un verre à patte, une bouteille en verre blanc longue et mince, et un pot à tabac ventru, chargeait sa pipe de porcelaine et s'apprêtait à goûter méthodiquement le plaisir de fumer du tabac de Constantinople en savourant le vin doré des coteaux du Rhin. Une grosse lampe, placée sur le poêle de faïence blanche et bleue éclairait fortement le crâne chauve et luisant de l'aubergiste, ses joues rougeaudes et pendantes, et ses grosses lèvres qui semblaient savourer à l'avance les joies de sa pipe et celles du gobelet. Le jeune Français gravit les trois marches qui conduisaient à la petite pièce, et se trouva face à face avec Otto Butler. — Ce dernier, apercevant un personnage de bonne mine, que d'ailleurs il ne voyait pas pour la première fois, se hâta de quitter son siège et de saluer jusqu'à terre, selon sa coutume, puis il dit, d'une voix gutturale et avec un accent germanique très prononcé, que nous nous abstenons de reproduire par l'orthographe afin de ne point abuser de la patience de nos lecteurs:

— Monsieur désire quelque chose?... — Monsieur demande quelqu'un?... — Que puis-je faire pour le service de monsieur?...

— Vous pouvez m'apprendre, mon digne hôte, si M. le baron de Lascars habite encore l'hôtellerie du Faucon-Blanc... — répliqua le visiteur.

Au moment où le nom de Lascars fut prononcé, le visage d'Otto Butler se rembrunit visiblement et une profonde ride transversale se creusa sur son front chauve, uni et luisant comme un vieil ivoire. Cependant il répondit, sans rien perdre de sa politesse:

— Le baron de Lascars, monsieur, n'a point quitté l'hôtellerie.

— Savez-vous s'il est présentement chez lui?

— Je l'ignore, mais dans une seconde je pourrai le dire à monsieur.

Otto Butler agita le cordon d'une sonnette pour appeler un valet, auquel, il répéta, en allemand, la question que le visiteur venait de lui adresser à lui-même. La réponse du valet fut affirmative.

— Si monsieur veut monter... — dit alors l'hôtelier, — monsieur le baron et madame la baronne de Lascars sont ensemble, — c'est au second étage, l'escalier en face... la porte du numéro 16.

— Je craindrais de déranger madame la baronne; — répliqua l'interlocuteur d'Otto Butler, — je vous prierai seulement de vouloir bien faire prévenir M. de Lascars que le vicomte de Cavaroc désire lui parler.

— Le vicomte de Cavaroc? — répéta l'aubergiste avec un salut des plus humbles.

— Oui... — Vous rappellerez-vous ce nom?...

— Parfaitement bien, monsieur le vicomte... — Je vais monter moi-même et j'avertirai monsieur le baron.

— Merci de votre complaisance, mon digne hôte, et mille pardons du dérangement que je vous accuse...

— Ah! monsieur le vicomte, c'est un plaisir pour moi, je vous jure, de pouvoir obliger les gens de qualité... Que monsieur le vicomte veuille bien prendre ce fauteuil... je reviens à l'instant.

Otto Butler gravit les marches de l'escalier aussi vite que le lui permirent sa rotondité imposante et ses courtes jambes. Il atteignit le second étage et fit halte pour reprendre haleine en face de la porte au-dessus de laquelle se lisait le numéro 16. — Franchissons cette porte avant lui et pénétrons dans l'appartement occupé par Lascars et sa femme, composé d'une antichambre, d'un salon et d'une chambre à coucher. — Le baron et la baronne se trouvaient dans le salon. — Nous ne décrirons point cette pièce qui n'avait rien de remarquable et ressemblait aux vulgaires salons de toutes les hôtelleries d'outre-Rhin. Une bougie placée sur la cheminée répandait une lueur faible et donnait un aspect presque fantastique aux personnages de la vieille tapisserie suspendue contre la muraille. Pauline, assise, ou plutôt à demi-couchée sur un sopha de forme surannée, laissait sa tête pâle se renverser en arrière; — une de ses mains blanches et fluettes pendait à son côté. Lascars, les bras croisés sur la poitrine, se promenait à grands pas; — son allure inégale et brusque décelait le désordre de son esprit. De minute en minute il s'arrêtait et murmurait à demi-voix des paroles indistinctes, puis il se remettait à marcher, pour s'arrêter de nouveau un instant après. Les trois ans qui venaient de s'écouler avaient suffi pour apporter un changement immense dans le visage et dans l'apparence du gentilhomme. — Quoiqu'il eut à peine trente-deux ans, sa figure belle et régulière ne gardait plus aucune fleur de jeunesse. — Ses joues offraient des tons livides et des méplats sinistres. Ses yeux gris semblaient refléter la teinte froide de l'acier sous leurs paupières rougies, et laissaient échapper des regards empreints d'une étrange expression de ruse et de défiance, de menace et d'inquiétude. Les vêtements du baron étaient, comme jadis, de l'étoffe à la mode et d'une coupe irréprochable, mais sous ces vêtements élégants sa tournure n'offrait plus la distinction patricienne, la désinvolture aristocratique, qui la caractérisaient autrefois ; — une sorte de *laisser aller*, un *débrailler* d'un goût douteux remplaçaient ces brillantes qualités extérieures. — Certes, l'homme du monde, le gentilhomme, le courtisan, n'avaient point complètement disparu, mais un indéfinissable *je ne sais quoi* trahissait en même temps le débauché vulgaire. Pauline Talbot, baronne de Lascars, n'était pas moins changée que son mari ; — elle l'était plus encore peut-être. — La jeune fille, ou plutôt l'enfant que nous avons connue, n'existaient plus ; — la jeune femme les remplaçait, et la beauté de l'orpheline, toujours splendide, toujours incomparable, présentait les navrants stigmates de la souffrance physique et morale, et du chagrin qui dévore et qui tue... Pauline atteignait sa dix-neuvième année et semblait moins âgée peut-être qu'elle ne l'était réellement ; mais on eût dit que la vie allait se retirer d'elle et que le sang qui coulait dans ses veines était refroidi et décoloré, tant la blancheur mate de son visage lui donnait l'apparence d'un bloc de marbre pentélique sculpté par un artiste inspiré. C'est à peine si ses lèvres faiblement teintées d'incarnat se détachaient sur l'ensemble de cette pâleur immaculée. — Les grands cheveux blonds de la jeune femme, dénoués sans doute au moment où elle s'était jetée sur le sopha, ruisselaient autour d'elle et cachaient à demi, sous leurs masses opulentes, sa poitrine voilée chastement. Pauline, nous l'avons dit — avait la tête renversée en arrière. — Ses yeux fixés et largement ouverts regardaient sans les voir les poutrelles saillantes et peintes du plafond. — Nous avons pu décrire rapidement l'attitude de notre héroïne, mais il nous serait impossible de donner une idée exacte et frappante de l'expression tout à la fois profondément douloureuse et saintement résignée de son visage. — Les jeunes martyres des temps antiques, faisant à Dieu le sacrifice de leur vie après avoir lassé les bourreaux, devaient avoir ce calme dans la souffrance et ce complet oubli d'elles-mêmes. Un silence absolu régnait dans le salon et n'était interrompu que par le bruit des pas tantôt rapides, tantôt ralentis du baron, et par les vagues murmures, par les sons indistincts qui s'échappaient de ses lèvres agitées. Tout à coup, il s'approcha de Pauline, s'arrêta devant elle et la regarda pendant quelques secondes d'un air menaçant ; son front se plissa, les veines de ses tempes se gonflèrent ; — une sorte de rictus farouche découvrit ses dents blanches comme celles d'un loup ; — il frappa du pied avec colère, et il s'écria :

— Vous pleurez ! vous pleurez encore ! mordieu c'est donc pour me braver, car vous savez que vos larmes m'irritent ! je vous l'ai dit cent fois déjà ! — Jusques à quand, madame, faudra-t-il vous le répéter ?

En effet deux larmes brillantes, semblables à des perles rondes, s'échappaient des yeux de la jeune femme et roulaient sur ses joues plus incolores que la cire vierge...

LXIV

LE MARI ET LA FEMME

Tandis que Lascars prononçait les paroles que nous venons de reproduire, la statue parut s'animer faiblement ; — les regards de Pauline se tournèrent vers son mari ; — son visage prit une vague expression d'effroi, un frisson passa dans ses veines, mais elle ne répondit pas.

— Eh ! quoi — reprit le baron avec violence. — N'entendez-vous point que je vous parle ?... — Rien n'est plus irritant qu'un silence obstiné ! — un tel entêtement ferait perdre patience à un saint, et je ne suis pas un saint.

— Que me demandez-vous ?... — balbutia la jeune femme.

— La cause de vos larmes.

— Que puis-je vous répondre ?...

— La vérité... — Pourquoi pleurez-vous ?

— Sans vous, j'ignorerais encore que je pleure...

— C'est impossible !...

— Roland, je n'ai jamais menti et vous le savez bien...

— Enfin, vos tristesses ont une cause, cette cause, je veux la connaître... — reprit Lascars d'une voix menaçante ; — vous qui prétendez ne jamais mentir, répondez franchement... — vous trouvez-vous malheureuse avec moi ?...

— M'avez-vous entendu me plaindre ?... — murmura timidement Pauline presque tremblante.

— Eh ! — répliqua le baron — si vous ne vous plaignez pas, vous faites pis...

La bouche de Pauline resta muette, mais ses yeux éloquents, fixés sur le baron, exprimèrent clairement cette pensée:

— Que me reprochez-vous ?...

— Oui, mordieu !... — continua Lascars — j'aimerais mieux des plaintes nettement articulées, j'aimerais mieux des récriminations, des injures même, que ces airs de victime, que ces attitudes de souffrance et de résignation qu'il vous plaît d'affecter sans cesse et qui me sont insupportables... — accusez !... — accusez !... au moins, moi, je pourrai répondre...

Pauline secoua doucement la tête.

— Des récriminations, des injures... — répéta-t-elle — n'attendez de moi rien de pareil... — Je ne sais pas me plaindre, c'est vrai, mais je ne sais pas accuser non plus... — d'ailleurs je suis votre femme, je connais mes devoirs, je m'y soumets, je m'y soumettrai toujours, et j'accepte sans un murmure la destinée que vous m'avez faite...

— Mais — reprit Lascars avec l'obstination d'un homme qui cherche un prétexte de querelle, afin d'épancher librement la colère qui déborde en lui, — mais, cette destinée que je vous ai faite, comme vous dites, vous la trouvez malheureuse, n'est-ce pas?... — dites-le donc vite et dites-le bien haut, sinon je croirai que vous avez peur...

Une faible teinte rosée nuança pendant une seconde la pâleur mate de la jeune femme. — La dernière provocation, si lâche et si brutale, qui venait de lui être adressée, triomphait à demi du calme héroïque qu'elle s'était promis de conserver. Elle regarda Lascars face à face, avec une fixité si grande que malgré lui il baissa les yeux sous le choc imprévu de ce regard pur et loyal, et elle articula fermement ces trois mots :

— Suis-je heureuse ?

Ce fut au tour du baron d'éprouver un embarras dont il lui fut impossible de triompher complètement, malgré son impudence.

— J'admire, — répondit-il — j'admire avec quelle habileté vous déplacez les rôles et rompez l'entretien! certes, je m'attendais peu, je l'avoue, à cette question qui renferme l'aveu le plus explicite d'une infortune imaginaire ; — que manque-il à votre bonheur ? — Qu'avez-vous à me reprocher ?...

— Eh! monsieur — murmura Pauline. — Ne vous ai-je pas déjà dit cent fois que je ne vous reprochais rien !...

— Depuis trois ans que notre union s'est accomplie — continua Lascars — ne me suis-je pas montré pour vous, sans cesse, un bon mari ?...

Pauline exprima son acquiescement par un signe de tête accompagné d'un sourire empreint d'une profonde amertume. Le gentilhomme ne vit pas ce sourire, ou, ce qui revient à peu près au même, il n'en voulut point tenir compte, et il poursuivit :

— Vous que le hasard avait fait naître dans une condition modeste, vous que rien ne semblait devoir arracher jamais aux ténèbres d'une vie obscure, n'avez-vous pas pris possession, grâce à moi, de l'existence la plus brillante et la plus enviée ?... N'ai-je pas fait de vous la souveraine d'un monde éblouissant ?... — Ne vous ai-je pas entourée d'un luxe inouï, féerique, dont la reine de France elle-même aurait été jalouse ?...

— Eh ! — s'écria Pauline avec un involontaire mouvement d'épaules — me connaissez-vous donc vraiment si peu et me jugez-vous si mal ?... — Est-ce bien sérieusement que vous me parlez ainsi ?...

— Certes ! répondit Lascars.

— Au milieu de ce luxe princier qui rayonnait autour de moi — continua la jeune femme — avez-vous vu mon visage exprimer la joie ou seulement l'orgueil ? — Avais-je l'air d'être heureuse ?... — Mes lèvres souriaient-elles souvent ?

— Non ! — répliqua le baron — j'en conviens, vous étiez triste, — mais votre nature est étrange, inexplicable, incompréhensible pour moi, et je crois que personne au monde ne pourrait deviner ce qui vous plaît et vous charme ici-bas.

— Ce qui me plaît — reprit vivement Pauline — ce qui me charme c'est le silence et l'obscurité !... — ce que je regrettais sans cesse au milieu des splendeurs imposées par vous, c'était la vie modeste à laquelle vous m'aviez arrachée !... — Vous le voyez, Monsieur s'il manque quelque chose à mon bonheur, ce n'est pas un luxe odieux pour lequel je n'étais pas faite et qui n'était pas fait pour moi.

Lascars hocha la tête d'un air d'incrédulité railleuse et fit entendre un éclat de rire ironique.

— Lieux communs que tout cela!... — s'écria-t-il ensuite — paroles sonores et vides de sens !.. — Vous ne pensez pas un mot de ce que vous venez de dire!... — Vous faites étalage de beaux sentiments qui ne sont point dans votre cœur... — En voulez-vous la preuve?... — La voici : — Un grand changement s'est fait en vous depuis que nous avons quitté la France... — Votre mélancolie habituelle a pris les allures d'un véritable désespoir... — Pourquoi cela ?... — c'est que vous m'avez cru ruiné et, malgré votre apparent mépris des richesses, vous n'avez pu vous consoler de cette ruine...

Pauline fit un mouvement brusque et voulut formuler une énergique protestation. Lascars ne lui laissa pas le temps de parler.

— Ne niez pas ! — reprit-il impérieusement — à quoi bon ? — Ah ! fille d'Eve, je vous connais bien et les plus éloquents discours ne pourraient me tromper!... — Eh bien ! ma chère enfant, séchez vos pleurs et consolez-vous ! — Je vous rendrai bientôt cette vie de luxe et de plaisirs que je vous ai déjà fait connaître... — Ma ruine n'est qu'apparente — il me reste d'immenses ressources... — Bientôt, demain peut-être, je serai plus riche que jamais ; — je reprendrai dans le monde la place que de fâcheuses circonstances m'ont fait quitter pour un instant et, comme vous avez l'honneur d'être ma femme, vous remonterez en même temps que moi tout en haut de l'échelle...

Pauline écoutait Lascars, et l'expression d'une profonde inquiétude, ou plutôt d'une angoisse véritable, se peignait sur son visage.

— Monsieur le baron — fit-elle alors — il faut que je vous parle à mon tour et que je vous supplie de m'accorder quelques secondes d'attention, car ce que j'ai à vous dire est grave...

— En vérité! — murmura Roland d'un ton moqueur. — Ah! en vérité! Je vous écoute cependant.. — ajouta-t-il — mais j'aime peu les choses sérieuses, et la patience n'est pas ma vertu dominante... — Allez donc droit au but, et faites vite... — Vous me serez particulièrement agréable si votre petit discours est de courte durée.

— Je ne me suis jamais inquiétée de votre fortune, vous le savez bien! — commença Pauline — je ne vous ai point demandé d'où venait cette fortune... — Je n'ai témoigné ni surprise, ni regret, de voir disparaître en moins de trois années des richesses qui, selon vous, devaient être inépuisables... — Enfin, toutes les fois que vous avez eu besoin, sinon de mon autorisation, du moins de mon approbation apparente, j'ai signé sans les lire tous les actes que vous avez jugé convenable de me présenter...

— En agissant ainsi, vous faisiez votre devoir, et rien que votre devoir! — interrompit Lascars. — Cet entretien doit-il être exclusivement consacré à l'exaltation de vos mérites, je vous prie?..

La jeune femme continua, toujours calme, toujours impassible, comme si elle n'avait pas entendu cette insolente interruption:

— Je m'étais promis, je m'étais juré, — dit-elle — de ne jamais vous faire entendre un reproche, et je me suis tenu parole jusqu'ici, mais enfin, sachez-le bien, je ne suis ni aveugle, ni sourde, et Dieu ne m'a point refusé la part d'intelligence qu'il accorde à la plupart des créatures humaines...

Lascars fit un salut ironique, et se mit à rire silencieusement avec une impertinence provocante.

— J'ai vu et entendu bien des choses au moment de notre départ précipité de Paris — poursuivit Pauline — et il m'a été impossible de ne pas comprendre ce qui frappait mes yeux et mes oreilles...

— Qu'avez-vous compris? — s'écria Roland avec une colère menaçante. — Qu'avez-vous compris? — Je veux l'entendre de votre bouche...

— Ne me le demandez pas ! — répliqua la jeune femme. — Je refuserais de répondre...

— Pourquoi?

— Parce que je rougirais de honte en répétant tout haut ce que vous savez mieux que moi... — Je constate des faits, d'ailleurs, et je ne récrimine pas... — Roland, j'accepte la ruine, j'accepte la pauvreté, j'accepte le travail s'il le faut... — Je supporterai tout et ne me plaindrai jamais... — Mais vous avez prononcé tout à l'heure des paroles qui m'ont fait frissonner ! — vous avez parlé de ressources inconnues sur lesquelles vous comptez et qui vous rendront plus riche que jamais... — Roland, ces ressources m'épouvantent. — Quelles sont-elles?... au nom du ciel, dites-le moi...

— Que vous importe ? — répondit le baron brutalement — de quoi vous mêlez-vous?... — Ce sont mes affaires et non les vôtres... Elles ne vous regardent pas...

— Vous vous trompez, Roland — répliqua Pauline avec une étrange fermeté. — Ces choses me regardent, puisqu'elles intéressent votre nom...

— Mon nom m'appartient, madame, il n'appartient qu'à moi...

— Il est à moi aussi bien qu'à vous, puisque vous me l'avez donné devant Dieu et devant les hommes...

— Eh bien ! soit, vous le tenez de moi, mais je l'avais reçu d'une longue suite d'aïeux... reposez-vous donc sur moi du soin de le garder pur...

— Laissez-moi vous aider dans cette tâche...

— Non, madame, j'y suffirai seul...

— Roland, je n'ai pas confiance... — Vous êtes sur une pente fatale... prenez garde...

— Prenez garde vous-même, Pauline ! — s'écria le baron devenu livide — d'où vous est venue tant d'audace ? — gardez pour vous des conseils dont je n'ai que faire et qui ressemblent à des insultes !

— Je parlerai malgré tout ! — je parlerai, car il le faut et j'en ai le droit... — Je vous l'ai dit, j'accepte la misère, mais je ne veux pas du déshonneur...

Roland fit un geste terrible et s'avança violemment vers Pauline qui se leva, mais sans reculer.

— Le déshonneur ! — balbutia-t-il d'une voix étranglée par la rage — vous avez dit ; le déshonneur !

— Oui, je l'ai dit ! — répliqua la jeune femme, blanche comme un linceul, et pourtant froide et résolue — Vous marchez en aveugle sur un chemin funeste ! — La honte et l'infamie sont au bout. — Mais, dussé-je y laisser ma vie, je vous arrêterai, s'il en temps encore !...

Un râle de fureur s'échappa de la gorge contractée du baron, — ses yeux s'injectaient de sang ; — sa tête s'égarait ; — il ne se connaissait plus ; il était enfin dans un de ces moments où l'homme est attiré par le crime comme par un aimant irrésistible.

— Malheureuse ! — dit-il d'un ton bas et sourd, plus effrayant et plus sinistre que les exclamations d'une violente colère. — Malheureuse ! — répéta-t-il — tant d'audace ! — Ah ! tu ne me connais pas !

Et, dans un véritable accès de démence, en proie au paroxisme d'un délire bestial, il leva son bras pour frapper Pauline.

— Roland — murmura l'infortunée en arrêtant par un geste sublime le bras prêt à retomber — si je n'avais à trembler que pour moi, j'irais au-devant de vos coups, j'irais au-devant de la mort, je vous le jure, — mais je n'ai plus le droit de mourir... — épargnez votre enfant...

Ces paroles produisirent sur le baron un effet étrange et subit, à peu près pareil à celui de l'alcali volatil sur un homme ivre. — Elles dissipèrent à l'instant ce farouche délire dont nous venons de parler. — Roland demeura, pendant près d'une seconde, muet, chancelant, anéanti. Son geste n'exprimait plus la menace. — On ne pouvait lire sur son visage qu'une sorte d'étonnement stupide.

— Vous êtes mère... — balbutia-t-il enfin lentement. — Est-ce vrai ?.. — Est-ce possible !... — Un enfant... Un enfant à moi...

— Oui... — répondit la jeune femme dont le regard s'illumina d'un feu céleste, et qui prit, pour la presser entre les siennes, une des mains de son mari — oui, Roland, je suis mère, et c'est pour notre enfant que je vous conjure à genoux de quitter les mauvais chemins !.. — C'est pour notre enfant que je vous crie : — Noblesse oblige !... — *gardez sans tache à votre fils le nom qui nous vient de vos pères !* — Roland, m'entendez-vous ?.... — Roland, m'exaucerez-vous ?.. — Oh ! mon ami, j'ai bien souffert déjà, mais si vous ne repoussez pas la prière de votre femme et de votre fils, je puis être heureuse encore..

Le baron retira sa main brusquement. — Sa tête se pencha ; — son front s'assombrit.

— Les mauvais chemins.... — murmura-t-il d'une voix si basse que Pauline, malgré son attention avide, ne put saisir le sens de ses paroles — il est bien tard... — il est trop tard... — Le sort en est jeté... — J'irai jusqu'au bout, il le faut... la pauvreté d'ailleurs, est-ce possible ? — Non... — Je serai riche encore !.. Je serai riche !.. — Je le veux....

Après ce court monologue, Lascars releva la tête. — Un sombre orgueil rayonnait sur son front et l'expression de ses yeux effraya Pauline, qui lui dit cependant d'une voix tremblante et suppliante :

— Eh bien ! mon ami, — que dois-je espérer ?... que dois-je craindre ?... — Notre enfant vous interroge par ma voix... — Que lui promettez-vous ?

— La fortune... — répondit Roland.

Pauline poussa un gémissement sourd et retomba défaillante, presque sans connaissance, sur le sopha qu'elle avait quitté quelques minutes auparavant.

LXV

UNE NOTE EN RETARD

Lascars fit un geste d'impatience, et sans doute il allait augmenter encore, par de brutales paroles, la profonde tristesse de Pauline, lorsqu'une circonstance inattendue vint détourner son attention. Une main discrète frappa doucement et à deux reprises à la porte de l'antichambre. — Le baron tira de sa poche une assez belle montre et la consulta. — Elle indiquait huit heures un quart.

— Qui diable peut venir ce soir? — se demanda Lascars. — Je n'attends personne. — L'heure de la poste est passée; — il est impossible que ce soient ces bienheureuses lettres ! — Elles n'arriveront que demain matin... Faut-il ouvrir ?

Après avoir posé cette question, le baron se consulta et resta pendant un instant indécis. — Un troisième coup frappé avec la même délicatesse et la même discrétion que les deux premiers, mit fin à cette indécision.

— Ma chère Pauline, — dit Lascars, — voulez-vous me permettre de vous laisser pendant un instant dans l'obscurité ?

Puis, sans attendre la réponse de la jeune femme, réponse qui d'ailleurs ne pouvait être qu'affirmative, il prit le flambeau, sortit du salon qu'il referma derrière lui, traversa l'antichambre et ouvrit la porte donnant sur le carré de l'escalier. Son front se rembrunit quelque peu en voyant en face de lui la massive et courte personne d'Otto Butler. Ce dernier salua respectueusement, selon sa coutume invariable, c'est-à-dire jusqu'à terre.

— Que souhaitez-vous de moi, mein herr? — demanda Lascars, d'un ton très poli mais avec une visible expression de gêne.

— Monsieur le baron, — répondit l'hôtelier, — il y a en bas, dans mon petit bureau, quelqu'un qui souhaite vivement vous entretenir.

— Quelqu'un? — répéta Lascars.

— Oui, monsieur le baron.

— Qui donc ?

— Un gentilhomme.

— Son nom ?... Savez-vous son nom ?

— Certainement. — Ce gentilhomme s'appelle le vicomte de Cavaroc.

Lascars poussa un soupir de satifaction, et sa poitrine parut soulagée d'un poids assez lourd.

— Ah ! ah ! — fit-il d'un air joyeux et empressé, — le vicomte de Cavaroc est en bas.

— Oui, monsieur le baron, — répondit l'ex-juif, — je l'engageais vivement à monter, mais la crainte de déranger madame la baronnne l'a retenu. — Il m'a prié seulement de faire prévenir monsieur le baron qu'il désirait vivement lui parler et, comme il s'agissait de l'un de mes hôtes les plus distingués, j'ai voulu monter moi-même pour m'acquitter de cette commission.

— Grand merci, maître Otto Butler.

— Que faudra-t-il répondre à monsieur le vicomte?

— Que je suis entièrement à ses ordres, et que je vais descendre à l'instant même...

L'hôte se mit en devoir de regagner l'escalier, mais avant d'avoir fait deux pas il s'arrêta et se retourna.

— Je profiterai de la favorable circonstance qui se présente, — murmura-t-il d'un ton mielleux, — pour rappeler à monsieur le baron que j'ai eu l'honneur, la semaine dernière, de lui remettre ma petite note.

— Oui... oui... — répondit vivement Lascars, — j'ai jeté les yeux sur cette note. — Elle est parfaitement exacte, et l'extraordinaire modération de vos prix m'a jeté dans une admiration pleine d'étonnement. — Ah! le *Faucon-Blanc* est une hôtellerie modèle, et vous, sans contredit, le phénix des hôtes!

— Il me flatte, — se dit à voix basse Otto Butler, — mauvais signe!... mauvais!... mauvais... — Un gentilhomme qui flagorne un aubergiste est à sec!... — La chose ne me paraît, hélas! que trop claire...

Puis il reprit à haute voix :

— J'aurai l'honneur de faire observer à monsieur le baron qu'il est d'usage, dans nos provinces, de payer régulièrement tous les quinze jours sa dépense à l'hôtellerie. — Or, il y aura bientôt trois semaines que j'ai l'inappréciable avantage de loger monsieur le baron.

— Aussi, ne tarderai-je point à vous solder, mon cher hôte, interrompit Lascars, vous pouvez compter que, très prochainement, j'aurai soin de me conformer à l'usage...

Otto Butler fit la grimace.

— *Très prochainement*... — répéta-t-il, — c'est un terme un peu vague... il m'est impossible de me contenter d'une assurance aussi incertaine... — J'ai moi-même des paiements à faire, et ces paiements ne se peuvent remettre...

— Prenez garde, mon cher hôte, — reprit Lascars en riant d'un rire contraint, — vous êtes sur une pente dangereuse... — Dans un instant vous allez parler de votre gêne...

— Sans aucun doute, j'en parlerai, — répliqua vivement l'ex-israélite, — et rien au monde ne sera plus vrai... — Je parviens à joindre les deux bouts et à faire honneur à mes affaires, mais c'est avec beaucoup de peine et je suis gêné, monsieur le baron, très gêné...

Roland haussa les épaules.

— Allons donc, maître Otto Butler! — s'écria-t-il, — je ne crois pas un traître mot de cela!... — Vous, gêné!... c'est à d'autres qu'à moi qu'il faut aller raconter ces sornettes! — Vous êtes un Crésus, un roi Midas, une tonne d'or...

— Ah! monsieur le baron, quelle erreur!...

— Et, — poursuivit Lascars, — si de hardis coquins s'introduisaient nuitamment dans votre logis particulier, vous coupaient bel et bien la gorge, et dévalisaient votre coffre-fort, ils sortiraient de l'hôtellerie du *Faucon-Blanc* avec leur fortune faite.

Le visage empourpré d'Otto Butler devint pâle, et sa massive charpente fut agité d'un tremblement subit.

— Au nom du Dieu d'Abraham, d'Isaac et de Jacob...

—, balbutia-t-il en oubliant, dans son trouble, qu'il avait abjuré la religion de ses pères, — monsieur le baron, ne partez pas ainsi...

— Pourquoi ?...

— Si l'on entendait monsieur le baron ?

— Eh bien ! où serait le mal ?

— Cela pourrait faire venir d'affreuses idées à de vilaines gens... à ces bandits nocturnes dont monsieur le baron parlait tout à l'heure.

— Puisque vous vous prétendez pauvre, vous n'avez rien à craindre.

— Oh ! que si, monsieur le baron, oh ! que si !... — les scélérats trouveraient, à la vérité, un coffre-fort vide, mais avant d'en faire sauter la serrure ils m'auraient coupé le cou.

— Allons, soit ! — j'ai pitié de vos terreurs, mon hôte, je me tais et je compte vous donner satisfaction, non seulement sur ce point, mais encore sur un autre qui paraît vous intéresser beaucoup aussi. — Demain vous serez payé, comptez formellement là-dessus.

— Demain ?... — répéta l'ex-juif, avec un visage épanoui, et en même temps avec une légère nuance d'incrédulité.

— J'en prends l'engagement positif, — continua Lascars ; — de grandes pertes au jeu, dans votre Cursaal, ont momentanément vidé ma bourse, mais mon portefeuille était bien garni de traites et de lettres de change ; — j'en ai mis en circulation pour une somme importante, et les courriers de demain matin m'apporteront plus de cent mille livres.

— Cent mille livres !... — répéta maître Otto Butler ébloui, — miséricorde !... cent mille livres !...

— Tout autant, et ce n'est là qu'une très faible partie des valeurs énormes dont je suis nanti. — Vous voyez, mon hôte, que lors bien même que la mauvaise chance au jeu me poursuivrait avec une constance déplorable, vous ne sauriez avoir de sérieuses inquiétudes au sujet des dépenses que madame la baronne et moi nous faisons dans votre hôtellerie.

Ceci fut dit par Lascars d'un ton magistral, qui produisit sur Otto Butler le plus grand effet. L'ex-israélite, revenu de toute idée de méfiance et pénétré de respect pour ce Français si richement nanti de valeurs, courba son échine souple un peu plus bas encore que de coutume, et se retira à reculons en disant :

— Toute l'hôtellerie du *Faucon-Blanc* est à la disposition de monsieur le baron et de madame la baronne. — Je vais prévenir M. le vicomte de Cavaroc que M. le baron le rejoindra tout à l'heure.

— Vous aurez peu de chose à dire, — répliqua Roland, — car je serai en bas aussitôt que vous.

L'hôtelier referma la porte de l'antichambre, et le baron de Lascars entra dans le salon où Pauline était toujours étendue sur le sopha, dans la pose du plus complet abattement. Roland ne fit que traverser cette pièce ; il franchit le seuil de la chambre à coucher, et il ouvrit un meuble dont il fouilla successivement les tiroirs, sans y trouver d'abord ce qu'il cherchait, à en juger du moins par l'expression d'impatience qui se peignit sur son visage. Enfin, il mit la main sur un petit écrin, recouvert en chagrin noir et renfermant deux boucles d'oreilles et quelques bagues d'une faible valeur. — C'est à peine si ces bijoux réunis pouvaient valoir quatre ou cinq cents livres. Il glissa cet écrin dans la poche de côté de sa houppelande. — Il plaça dans une seconde poche un petit pistolet de fabrique anglaise ; il prit sa canne et son chapeau, et il revint trouver Pauline.

— Madame la baronne, — lui dit-il cérémonieusement, avec un accent railleur, — vous plaît-il de me donner votre main à baiser?... — Je sors...

La jeune femme se souleva sur le sopha et se tourna vers Roland, malgré son état de complète prostration.

— Ah! — murmura-t-elle, — vous sortez... cette nuit encore!... — Où allez-vous?...

— Je vais où bon me semble, ma chère, — répliqua brutalement Lascars; — il me semble que je suis maître de mes actions, et que je n'en dois compte qu'à moi seul.

— C'est juste... — murmura la baronne avec amertume, — c'est trop juste. — Je ne suis pour vous qu'une étrangère, et rien de ce qui vous concerne ne doit avoir d'intérêt pour moi... — Allez donc, mon ami, vous êtes libre.

— Mordieu, je l'espère bien ainsi! — s'écria Roland.

Pauline, après un silence, reprit d'une voix tremblante :

— Me permettez-vous, cependant, de vous demander si vous rentrerez bien tard?

— Je n'en sais pas le premier mot, — répondit Lascars, — peut-être rentrerai-je dans deux heures... peut-être ne rentrerai-je pas du tout. — Dans tous les cas, ne faites point l'absurde folie de m'attendre. — Couchez-vous, ma chère, et bonne nuit!

LXVI

LASCARS ET CAVAROC.

Le vicomte de Cavaroc, prévenu par Otto Butler que Lascars allait descendre à l'instant, avait quitté le petit salon de l'hôtelier et se promenait sous la voûte de la porte cochère. Au bout de quelques minutes le baron parut.

— Mordieu, mon cher vicomte, — s'écria-t-il, en serrant à l'anglaise avec toutes sortes de démonstrations affectueuses les mains de Cavaroc — rien au monde ne pouvait m'être plus agréable que de vous voir aujourd'hui, et je ne saurais dire combien je vous sais gré de vous être souvenu de moi! mais pourquoi diable n'êtes-vous pas monté?..

— J'ai craint de paraître importun à madame la baronne... — répondit le vicomte.

— Et vous avez eu tort... votre bonne visite aurait fait le plus grand plaisir à ma femme.

— Une autre fois je serai moins timide...

— Je vous le conseille formellement...

— Êtes-vous le maître de votre soirée?

— Certes!.. je suis libre comme l'air... — ma soirée et même ma nuit m'appartiennent...

— Voulez-vous disposer en ma faveur d'une partie de la nuit?..

— Avec enthousiasme, mon cher vicomte...

— Grand merci, d'abord... et, puisqu'il en est ainsi, venez..

— Qu'allez-vous faire de moi?

— Nous irons d'abord au Cursaal, et nous hasarderons quelques pièces d'or au trente et quarante ou à la roulette... Cela vous plaît-il?

— Beaucoup... et ensuite?..

— Ensuite je vous conduirai chez moi... — je vous offrirai la moitié d'un modeste souper de viandes froides, et comme je vous sais homme de grande expérience et de beaucoup d'esprit, je vous demanderai un conseil que vous voudrez bien me donner, j'espère...

— Je vous donnerai autant de conseils que vous le souhaiterez, et je tâcherai qu'ils soient bons.

— Venant de vous, mon cher baron, ils ne sauraient être qu'excellents... Après avoir reçu de votre obligeance cette petite consultation, je vous rendrai votre liberté et je reprendrai la mienne pour courir à un rendez-vous...

— Rendez-vous d'amour, je suppose?..

— Comme vous dites...

— Mes compliments, mon cher vicomte! à peine en pays étranger, vous avez trouvé déjà de charmantes occupations!.. Peste! c'est agir en vrai conquérant, cela, et vous êtes un homme habile en même temps qu'un homme heureux!..

— Moins habile, peut-être, et moins heureux que

vous ne le supposez... — répliqua Cavaroc — ma situation est embarrassante, et c'est pour aviser à en tirer le meilleur parti possible que je veux recourir à vos lumières et mettre à profit votre habitude du monde... — Je vous conterai tout cela cette nuit, les coudes sur la table, entre le Johannisberg et le Xérès.

Les répliques précédentes s'échangeaient tandis que le vicomte et le baron, se tenant par le bras, s'éloignaient lentement de l'hôtellerie du *Faucon-Blanc* et suivaient les rues d'Aix-la-Chapelle, médiocrement pavées et encore plus mal éclairées.

Nous n'avons rien dit encore de M. de Cavaroc. — Il est grandement temps de réparer cette omission, et il nous suffira d'un bien petit nombre de lignes pour le faire. Lorsque nous aurons dit, en effet, que le gentilhomme Languedocien ressemblait d'une façon prodigieuse au baron de Lascars, il nous restera fort peu de chose à ajouter. Cette ressemblance n'était point telle, assurément, qu'on pût prendre les deux hommes l'un pour l'autre, surtout en examinant leurs visages avec attention, car les traits du premier ne reproduisaient point d'une façon identique les traits du second; bref, le baron et le vicomte ne fournissaient pas une nouvelle édition de l'éternelle histoire des *ménechmes*, mais ils avaient même âge, même taille, même tournure; — la couleur de leurs cheveux, la forme de leurs pieds et de leurs mains, étaient semblables; — leurs figures enfin offraient un si grand air de famille, qu'en les voyant côte à côte on devait les supposer frères. Quant aux détails concernant le passé, le présent et l'avenir du vicomte de Cavaroc, nos lecteurs ne tarderont guère à les apprendre de sa propre bouche. Les deux gentilshommes arrivèrent au bout de dix minutes sur une place au fond de laquelle s'élevait un vaste bâtiment, très éclairé à l'intérieur et à l'extérieur. Quelques carrosses et un plus grand nombre de chaises à porteurs s'arrêtaient devant la façade de ce bâtiment, au pied d'un large escalier à double rampe incessamment foulé par les talons rouges des hommes et les souliers de satin des femmes en riches toilettes. Cette maison si lumineuse était le *Cursaal* d'Aix-la-Chapelle, où les joies fiévreuses de la danse et du jeu attiraient chaque soir une foule avide de plaisirs et d'émotions.

— Je crois que la soirée sera brillante! s'écria Cavaroc, voyez donc, mon cher baron, que de monde!

— En effet..... — murmura Lascars.

— La banque n'a qu'à se bien tenir..., — poursuivit gaiement le vicomte — je me sens d'humeur à la faire sauter!..

— Je vous le souhaite de tout mon cœur...

— Venez vite... — j'ai hâte de voir les visages impassibles des vieux croupiers qui ressemblent à des momies animées... J'ai hâte d'entendre leurs voix monotones répétant, sans jamais changer d'intonation, les paroles sacramentelles !..

Et Cavaroc se mit en devoir d'entraîner Lascars.

— Mon cher vicomte, dit ce dernier en dégageant son bras, faites-moi la grâce d'entrer le premier.

— Pourquoi donc? est-ce que vous songez à me quitter?

— Je vous rejoindrai dans cinq minutes...

— Ne puis-je vous attendre sur cette place?

— Ce serait me désobliger infiniment.

— Je cède puisque vous le voulez, mais du moins apprenez-moi quelle importante affaire vous survient à l'improviste?...

— Mon cher vicomte — répliqua Lascars en riant — voilà une question à laquelle je vous demande la permission de ne pas répondre.

— Ah ! ah ! cher baron — fit Cavaroc en riant aussi — Est-ce que, par hasard, il s'agirait d'une aventure ?.. vous comprenez ?...

— Très bien,.. et je me tais...

— Ce qui équivaut à un aveu... comment, vous aussi !... — vous le mari d'une femme délicieuse.

— Que voulez-vous ?... l'homme n'est pas parfait...

— Baron... baron... — reprit Cavaroc avec un geste de menace comique — prenez garde à vous !... — Je suis capable de vous dénoncer à madame de Lascars... — allons — ajouta-t-il — je vous quitte puisqu'il le faut absolument, et vais vous attendre dans les salles de jeu, mais souvenez-vous bien que je ne vous donne que cinq minutes...

— Il ne m'en faut pas davantage... — répondit Lascars qui, après s'être assuré que son compagnon se dirigeait vers le Cursaal et ne songeait point à le suivre, s'enfonça dans une ruelle étroite et sombre qui donnait sur la place.

Il fit environ cinquante pas dans cette ruelle et s'arrêta devant une maison de misérable apparence, n'ayant au rez-de-chaussée qu'une fenêtre et qu'une porte. — La porte était en chêne solide, garnie de gros clous à têtes quadrangulaires qui formaient des dessins bizarres. — Un très petit guichet, grillagé comme celui d'une prison, se voyait à hauteur d'homme. D'énormes barreaux de fer, très serrés et capables de déjouer les tentatives des plus audacieux voleurs, s'entrecroisaient devant la fenêtre. — Les petits carreaux de verre bleuâtre, sertis dans du plomb et recouverts d'une couche épaisse de poussière et de toiles d'araignées, ne laissaient arriver jusqu'à la rue qu'une lueur douteuse, à peine perceptible, mais suffisante néanmoins pour démontrer irrécusablement que l'intérieur de la maison était éclairé tant bien que mal. — Lascars saisit le lourd marteau, curieusement ouvragé qui pendait au point central de la porte et le laissa retomber avec bruit sur la plaque de fer. Une ou deux secondes s'écoulèrent, puis une sorte de grincement annonça que le guichet s'ouvrait, et une voix cassée se fit entendre.

— Qui est là ?... demanda cette voix.

— Un gentilhomme que vous connaissez bien, maître Salomon... — répondit Lascars — depuis quinze jours je suis déjà venu vous trouver deux fois... — C'est moi qui vous ai vendu la semaine dernière, entre autres objets, un collier composé de soixante-quatre perles et d'un gros diamant.

— Je sais... je sais... murmura la voix. Que me voulez-vous ?...

— Je désire conclure une nouvelle affaire...

— Il est trop tard aujourd'hui... — Je n'ouvre pas ma porte une fois la nuit tombée... — repassez demain matin...

— Eh ! vertudieu, maître Salomon — s'écria Roland — vous moquez-vous de moi !...

— Je n'ai garde...

— Ce n'est pas demain matin, qu'il faut que je vous voie... — continua le baron, — ce n'est pas demain matin que j'ai besoin d'argent... c'est ce soir,... c'est tout de suite... Ouvrez-moi donc, et dépêchez-vous...

— Impossible...

— Ouvrez-moi, vous dis-je, sinon je vais mener à votre porte un si grand vacarme que je réveillerai les voisins, et qu'avant cinq minutes la foule s'ameutera devant votre maison...

Puis Roland, joignant l'action aux paroles, saisit le marteau de fer et se mit à exécuter un roulement d'une sonorité infernale.

Le maître de la maison poussa de sourds gémissements. — Roland crut même l'entendre crier grâce. — Il interrompit son tapage et il demanda :

— Ouvrirez-vous ?

— Au moins êtes-vous seul ? balbutia la voix cassée.

— Complètement seul.

— Est-ce bien vrai ?

— Mordieu, vous avez un guichet !... — servez-vous en et, si vous ne me croyez pas, regardez dans la rue...

Le maître invisible de la maison suivit ce conseil. — Une lumière fut approchée par lui de l'ouverture pratiquée dans la porte, et à travers le grillage éclaira les pavés de la ruelle.

— Etes-vous rassuré ? dit alors Lascars en ricanant.

— Je vais ouvrir... — reprit la voix chevrotante — mais si vous cherchez à me tromper, malheur à vous !... Tout vieux et tout cassé que je sois j'ai de bonnes armes sous la main, et je défendrai jusqu'à la mort le peu que je possède...

En même temps une clef tourna dans la serrure massive, et le bruit aigre des verrous tirés à l'intérieur se fit entendre.

— Enfin ! — murmura Lascars.

La porte épaisse, constellée de gros clous, s'ouvrit alors, ou plutôt s'entre-bâilla de manière à livrer au visiteur nocturne un étroit passage. Heureusement Lascars était mince, sans cela il lui aurait été impos-

sible de profiter de cette ouverture insuffisante. —
L'élégante sveltesse de sa taille lui permit de se glisser, non sans quelque peine, dans la maison si bien gardée, et la porte mise en mouvement par un lourd contre-poids, se referma à l'instant même derrière lui. La pièce assez vaste dont il venait de franchir le seuil ne présentait point l'aspect pittoresque habituel aux boutiques des brocanteurs, des usuriers, des prêteurs sur gages. — On n'y voyait pas, entassés, dans un désordre bizarre et parfois curieux, toutes sortes d'objets disparates, vieux meubles, vieux tableaux, vieilles étoffes, armes de prix. — La salle basse que nous décrivons avait pour tout mobilier trois ou quatre sièges boiteux, deux grandes armoires cadenassées et une sorte de comptoir massif renfermé dans un compartiment grillagé en fil de fer. Ce grillage était percé d'un trou carré, de six pouces de hauteur en tous sens. — On apercevait sur le comptoir des balances à peser l'or et deux paires de pistolets doubles. — Il nous paraît entièrement superflu de tracer un portrait détaillé de Salomon, le maître du logis. — Ce juif, — (qui certes n'avait point abjuré comme Otto Butler) — paraissait âgé de soixante-dix ou soixante-quinze ans; — son visage d'oiseau de proie, son épiderme parcheminé, son crâne chauve, sa longue barbe blanche formant deux pointes sur la poitrine, ses yeux vifs et défiants, sa taille courbée, ses mains crochues et tremblantes faisaient de lui ce type si connu popularisé par le théâtre depuis *Syloch*, et par la peinture et la gravure de tous les temps. Dès qu'il eut introduit le baron de Lascars, Salomon se réfugia dans le compartiment grillagé, et il répéta la première question formulée par lui quelques minutes auparavant :

— Que voulez-vous ?

— Eh ! — répondit Lascars — je vous l'ai déjà dit... je veux de l'argent...

— Apportez-vous des matières précieuses ?

— Oui.

— Venez-vous vendre ou engager ?

— Vendre.

— Voyons les objets...

En disant ce qui précède, le juif passa sa main crochue par l'ouverture carrée du grillage, Lascars tira de sa poche le petit écrin noir et le mit dans cette main. Salomon pressa le ressort, examina les boucles d'oreilles et les bagues et fit une grimace expressive.

— Est-ce que c'est tout ? murmura-t-il d'un ton légèrement moqueur.

Le baron répondit affirmativement.

— Hum ! hum ! — reprit le vieillard — cela vaut peu de chose ! très peu de chose. Le collier de l'autre jour, à la bonne heure... C'était un vrai bijou ce collier ! mais aujourd'hui... hum ! hum !...

Il jeta dédaigneusement les humbles joyaux dans une des balances à peser l'or, et il demanda,

— Qu'est-ce que vous prétendez me vendre cela ?

— J'en veux quinze louis...

— Miséricorde, quinze louis ! — s'écria le juif avec un ricanement sourd — pourquoi pas tout de suite quinze mille livres ?

— Que m'offrez-vous ?

— Cinq pièces d'or, et c'est bien payé...

Une discussion s'engagea entre le gentilhomme et l'usurier. Le résultat de cette discussion fut que Lascars toucha dix pièces d'or, pour les objets qui valaient un peu plus du double. Muni de cette pincée d'or qu'il voulait offrir en sacrifice au démon du jeu, le gentilhomme quitta l'antre de Salomon, sortit de la ruelle, traversa la place et gravit à son tour l'escalier lumineux du Cursaal. Il ne fit que passer, sans s'y arrêter, dans les salles de bal, où cependant de charmantes femmes et de gracieuses toilettes sollicitaient son attention, et il rejoignit le vicomte de Cavaroc qu'il trouva devant une table de roulette, la mine un peu sombre, et froissant d'une main distraite les dentelles de son jabot. Il lui toucha légèrement l'épaule. Le vicomte se retourna.

— Ah! vous voilà, baron... — dit-il — il me semble que votre absence a duré plus longtemps qu'il n'était convenu..,

— Dix minutes à peine... — Et, vous, déjà au feu! — quelle ardeur! — êtes-vous en veine, au moins? gagnez-vous?

— Non pas, je perds...

— Cela devait être...

— Pourquoi?

— Vous savez le proverbe: — fit Lascars en souriant — *malheureux au jeu*...

— Oui... oui... — interrompit vivement Cavaroc — je sais — mais votre proverbe n'est qu'un sot; je me suis promis à moi-même de le faire mentir, et je me le promets encore...

La promesse imprudente du vicomte ne devait point recevoir ce soir-là son accomplissement. — Au bout de moins d'une heure Cavaroc avait perdu jusqu'au dernier sou de la somme assez ronde enfermée dans sa poche, et Lascars, non moins rigoureusement traité par la fortune, était de son côté parfaitement à sec. Lorsque leur déconfiture fut complète, les deux hommes se regardèrent ; — les figures allongées ; et décomposées qu'ils se présentaient leur parurent mutuellement si comiques que chacun d'eux se mit à rire de son compagnon, et que cette hilarité réciproque dissipa leur ennui...

— Après tout, que m'importe ? — murmura Cavaroc — il me reste au logis plus de cent louis... la veine ne me sera pas toujours contraire, et d'ailleurs l'avenir est grand...

— Que m'importe ? — se disait Lascars en même temps — je n'ai pas besoin d'argent cette nuit, et demain matin je serai riche...

— Mon cher baron — reprit le vicomte à haute voix — je crois que, présentement, le seul parti qui nous reste à prendre, est d'aller souper... — qu'en pensez-vous ?

— Je suis tout à fait de votre avis, et le souper sera d'autant mieux le bien venu que je me sens en grand appétit...

— Venez donc...

Les deux gentilshommes quittèrent le Cursaal, et prirent à travers la ville une direction opposée à celle par laquelle ils étaient arrivés.

— Ne m'avez-vous pas dit, mon cher vicomte, que vous ne demeuriez point dans une hôtellerie ? — demanda Lascars.

— Je vous l'ai dit en effet... — répliqua Cavaroc — une hôtellerie est un lieu public... — Quiconque l'habite devient forcément le point de mire de la curiosité malfaisante et de l'espionnage de tous ses voisins, aussitôt qu'une apparence de mystère se rencontre dans sa vie.

— Rien au monde n'est plus certain — appuya Lascars.

— Or, par suite de circonstances qui vous seront bientôt connues — poursuivit le vicomte, — je dois prendre de grandes précautions contre la curiosité et contre l'espionnage... — J'ai cherché, et j'ai fini par découvrir une petite maison isolée, pourvue d'un ameublement modeste mais suffisant, et située au milieu d'un grand jardin... j'ai loué cette maison, et je l'habite seul avec un valet du pays, un brave garçon qui ne me gêne guère, car il est nouvellement marié et chaque soir il sollicite de moi la permission d'aller rejoindre sa femme, permission que je lui accorde avec empressement... — son absence me procure une liberté absolue et me permet d'aller et de venir à ma guise chaque nuit, sans donner naissance à des commérages, et matière à des commentaires...

— Vous piquez au vif ma curiosité, mon cher vicomte... — dit Lascars — j'entrevois sous vos paroles quelque chose de très mystérieux et qui déjà me fait l'effet d'un roman...

— Un peu de patience... vous saurez tout.
— Sommes-nous loin encore ?
— Nous voici arrivés...

Depuis un instant Lascars et Cavaroc suivaient une rue sans maisons, bordée à droite et à gauche par des murailles de jardin, au-dessus desquelles s'élançaient les rameaux touffus de grands arbres. Le vicomte s'arrêta devant une porte peinte en blanc, — il ouvrit cette porte avec une clef tirée de sa poche et il fit entrer son compagnon dans un jardin très ombragé, au fond duquel une lumière derrière une vitre annonçait la présence d'une habitation. Un instant après, les deux

14.

gentilshommes avaient franchi les marches d'un perron demi-circulaire et pénétraient dans une pièce servant de salon et de salle à manger à Cavaroc. Cette pièce était tendue en vieilles tapisseries de Flandres, représentant des kermesses et des noces de village. — Un lustre de cuivre, comme on en voit dans les tableaux de Terburg, de Miéris et d'Ostade, pendait au plafond. — Une glace de Venise, au cadre de cristal et d'étain, s'inclinait au-dessus de la cheminée dont le manteau supportait une pendule de cuivre et d'écaille et deux candélabres chargés de bougies. Au milieu de la chambre, une table toute servie offrait un coup d'œil réjouissant pour un coloriste, et délectable pour un gourmet. Un pâté de gibier à croûte blonde formait le plat de résistance ; à sa droite se voyait un faisan de Bohême, revêtu de son plumage éblouissant ; — à sa gauche un homard énorme étalait sa carapace d'un rouge vif. Nous ne disons rien des confitures, des pâtes sucrées, des friandises de toutes sortes destinées au dessert. Pour compléter la belle ordonnance de ce petit festin, deux bouteilles de vin de Johannisberg, minces et longues, allongeaient leurs cous de cicogne à côté de deux carafons trapus, taillés à facettes, et remplis d'un vin de Xérès semblable à des topazes en fusion. Cavaroc prit les deux candélabres, alluma toutes leurs bougies et les plaça sur la table qu'ils éclairèrent à *giorno*.

— Voilà ma thébaïde — dit-il ensuite — comment la trouvez-vous ?...

— Fort charmante, ma foi... — répondit Lascars — vous êtes ici logé comme un prince...

— Comme un prince sans apanage ! — répliqua le vicomte en riant, toujours est-il que je me plais dans cette bicoque... Les antiquailles qui m'entourent font encore assez bonne figure, quoique terriblement passées de mode et parfois, en regardant ces tapisseries fanées et ces meubles du bon vieux temps, je prends plaisir à me figurer que je suis le contemporain de mon trisaïeul... — mais ce n'est pas de mes imaginations folles qu'il s'agit... — à table, cher baron !... livrons à ce pâté une attaque vigoureuse... il est du bon faiseur, et je me plais à croire que vous en serez content.

Lascars et Cavaroc s'assirent en face l'un de l'autre et entamèrent le souper avec toute l'énergie d'appétits aiguisés et d'estomacs robustes et complaisants. Le pâté de gibier fut battu en brèche et son éloge proclamé très haut. — Le faisan lui succéda, puis vint le tour du homard. Les convives ne firent pas moins d'honneur aux liquides qu'à la partie solide du repas. — Le Xérès et le Johannisberg furent fêtés tour à tour avec le respect qui leur était dû, et les longs verres à pattes, en forme de tulipes, *ne restèrent jamais ni vides, ni pleins*, ainsi que le veut le refrain de la chanson. — Quand la première ardeur de l'appétit et le premier feu de la soif furent apaisés, Lascars se renversa en arrière, sur sa chaise d'ébène à dossier de velours un peu terni, et il dit :

— Vous m'avez promis une confidence, mon cher vicomte, et je vous ai promis un conseil... J'attends la confidence ; — le conseil ne se fera pas attendre, et, s'il ne dépend que de moi qu'il soit bon, il le sera...

LXVII

LE RÉCIT DE CAVAROC

— Peut-être vais-je abuser de votre patience, mon cher baron... — dit Cavaroc, en prenant la pose nonchalante d'un homme qui se prépare à raconter.

— N'ayez aucune inquiétude à ce sujet... répliqua Lascars.

— C'est que, — continua le vicomte — mon récit sera sans doute un peu long, malgré tous mes efforts pour en condenser la substance en un petit nombre de paroles...

— Eh bien! qu'importe cela ?... — Je suis, à coup sûr, le moins pressé de nous deux, puisque toute ma nuit vous appartient, tandis qu'il vous faudra bientôt me quitter pour aller à votre rendez-vous... — De ceci je conclus fort logiquement, mon cher vicomte, que vous vous lasserez de raconter avant que je me lasse d'écouter.

— J'en accepte l'augure — fit Cavaroc en souriant — et je commence, sans plus tarder... — Mais, avant toutes choses, je dois vous entretenir brièvement de moi-même, car, bien que vous daigniez m'honorer de quelque sympathie, vous n'avez sur le compte de votre serviteur que des notions vagues et fort peu précises.

— Si vagues et si incomplètes que soient ces notions — interrompit Lascars — je ne vous en tiens pas moins pour un excellent gentilhomme, et pour le plus aimable compagnon qui soit au monde...

— Ah! baron! — s'écria Cavaroc en s'inclinant et en souriant, de grâce, ménagez ma modestie!...

Puis il reprit:

— Je suis bon gentilhomme, le fait est positif, et c'est le plus clair de mon mérite... — Les Cavaroc faisaient figure en Languedoc dès le huitième siècle, ce qui est joli, comme vous voyez... — un de mes ancêtres prit part à la seconde croisade à la tête de trois cents lances, le fait est authentique, prouvé, indiscutable... — J'ai d'ailleurs ici même, dans un meuble de ma chambre à coucher, mon arbre généalogique, mes parchemins, mes papiers de famille, et je me propose de les mettre sous vos yeux afin de vous démontrer que nulle vanité sotte ne grandit à mes yeux le mérite de la tige dont je sors...

— Mon cher vicomte — répliqua Roland — je n'ai besoin d'aucune preuve pour être persuadé... — Votre parole me suffit amplement. — Un certificat signé *Chérin et d'Hozier*, ne pourrait rien ajouter à ma conviction.

— Par malheur — poursuivit le vicomte — à mesure que, dans ma famille, les quartiers de noblesse s'ajoutaient aux quartiers, la fortune patrimoniale suivait une marche toute opposée, et le vieux blason des

Cavaroc se dédorait de plus en plus. Depuis près de deux siècles, aucun membre de ma lignée n'avait pu paraître à la Cour, et par conséquent se faire admettre aux grandes charges de la Couronne, faute d'argent pour soutenir avec honneur l'éclat de son nom...

« Je suis fils unique. — Mon père, le vicomte Roger de Cavaroc, m'éleva de son mieux, m'apprit tout ce qu'il pouvait m'apprendre des choses qu'un gentilhomme doit savoir, et quitta ce monde il y a quatre ans, me laissant pour tout héritage un vieux manoir délabré, situé sur une pointe de roc, entre Alby et Castres, et quelques terres assez peu fertiles rapportant, bon an, mal an, deux mille écus... à ce modeste héritage, mon père joignit le conseil de faire un mariage riche, si j'en trouvais l'occasion, et de ne négliger rien pour relever l'antique splendeur de la race dont j'allais devenir l'unique représentant. Je n'usai pas d'abord de ma liberté. Pendant quelques mois je ne changeai rien à mes façons de vivre, chassant comme par le passé, le lièvre et la perdrix, voyant peu de monde, bâillant souvent, me contentant enfin de ma situation mesquine et n'ambitionnant ni la richesse, ni le luxe, que je ne connaissais pas. Un jour, je reçus et j'acceptai une invitation du gouverneur de la province qui donnait de grandes fêtes à l'occasion du mariage de monseigneur le Dauphin avec l'archiduchesse d'Autriche, Marie-Antoinette. Je passai toute une semaine au milieu d'enivrements sans cesse répétés, et quand je revins dans ce que j'appelais *mes domaines*, je compris pour la première fois que je n'étais point fait pour mener indéfiniment l'existence insipide d'un hobereau, et je me persuadai volontiers que ma naissance et ma destinée m'appelaient à briller sur un vaste théâtre. Le riche mariage, en outre, conseillé par mon père, ne pouvait devenir réalisable que si j'abandonnais au plus vite une solitude qui commençait à me sembler odieuse. Mon parti fut pris aussitôt. Je gardai le château dont je portais le nom, et qui d'ailleurs était sans valeur ; — je vendis les terres qui formaient ses dépendances et je partis pour Paris, muni d'une somme assez ronde, très convaincu que, grâce à mon origine et à mes alliances, toutes les portes s'ouvriraient devant moi, et qu'une foule de jeunes filles, plus belles et plus riches les unes que les autres, brûleraient du désir de m'apporter des millions, en échange du titre sonore de vicomtesse de Cavaroc. »

. . . .

Le narrateur s'interrompit.

— Ah! baron — dit-il — je vous vois sourire... — Vous moquez-vous de moi, par hasard ?

— En aucune façon, mon cher vicomte... — répondit Lascars — je souris en effet, mais mon sourire n'a rien d'ironique... — Vos illusions étaient naturelles ; — je parierais volontiers qu'elles furent de courte durée.

— Pariez hardiment! — vous gagnerez! — fit Cavaroc avec un soupir. — La désillusion fut prompte en effet... — Je ne connaissais personne à Paris... — les lettres d'introduction me manquaient... — les grands seigneurs dont j'étais le parent ou l'allié se souciaient peu, sans doute, de reconnaître et d'accueillir un gentilhomme provincial sans fortune... — bref, toutes les portes auxquelles je frappai restèrent closes...

« Quant aux jeunes filles qui devaient s'éprendre de ma personne et se disputer l'honneur de redorer mon vieux blason, elles ne brillèrent que par leur absence... j'en fus pour mes frais de naïveté... Ce qui suivit, baron, vous le devinez sans doute... — J'avais soif de mouvement, de plaisirs, de vie en un mot.

» Je me jetai à corps perdu au milieu des tourbillons de ce monde facile où l'on est sûr d'être bien accueilli, pourvu qu'on soit de tournure élégante, qu'on s'habille chez un tailleur en renom, et qu'on ait de l'or dans ses poches. — J'avais compté sur un mariage pour m'enrichir... — Le mariage ne venant pas, je cherchai l'amour et j'appris à mes dépens que ces demoiselles de l'Opéra avaient remplacé le culte du mythologique Cupidon par la religion grossière du veau d'or. L'argent de mes terres languedociennes se fondit comme une neige au soleil... — il me devint possible et facile de prévoir le moment fatal où je serais complètement à sec. — L'homme qui se noye se raccroche à toutes branches... — J'imitai le nageur en péril. — Je devins joueur pour fuir la misère... — La dame de cœur et le roi de trèfle me furent tout d'abord favorables ; je gagnai d'assez grosses sommes qui réparèrent les brèches faites à mon petit capital, et me soutinrent tant bien que mal sur les flots mobiles où j'étais sans cesse au moment de disparaître. C'est pendant cette période de mon existence, monsieur le baron, que j'entendis parler de vous, de votre élégance incomparable, de votre libéralité sans bornes, des splendeurs de votre luxe, enfin de ces mille qualités brillantes qui vous mettent en première ligne parmi les seigneurs les plus accomplis.

— Ah ! vicomte, vicomte... — interrompit Lascars en riant — de grâce, arrêtez-vous !... — pas un mot de plus, je vous en supplie !.. — Vous me lapidez à coups de louanges !.. au secours !... au secours ! je suis un homme mort !

— Je ne dis que la vérité, — répliqua vivement Cavaroc, — et j'en atténue encore l'expression... — Donc, je ne vous connaissais que de vue, mon cher baron ; — j'ambitionnai l'honneur de vous être présenté, et j'allais faire les démarches nécessaires pour arriver à ce résultat, lorsque tout à coup, il y a de cela six mois, la mauvaise humeur de mes créanciers, car, hélas !... j'avais des créanciers !... me mit dans la nécessité fâcheuse de quitter brusquement Paris et même d'abandonner la France...

— Voilà qui est vraiment merveilleux ! — pensa Lascars — la situation du vicomte et la mienne se ressemblent comme deux gouttes d'eau !... — Ce gentilhomme est fait à mon image de toutes les façons !

— Il me restait cinq ou six mille livres... — poursuivit Cavaroc, — je n'avais point de prédilection spéciale pour un pays plutôt que pour autre... — une fois la frontière franchie, j'allai au hasard, tout droit devant moi, et le hasard me conduisit à Aix-la-Chapelle... — Je comptais ne passer dans cette ville que quelques jours et continuer ensuite mes pérégrinations vagabondes... Il en devait être tout autrement, et j'ai de fortes raisons pour croire que le plus grand acte de ma destinée doit s'accomplir ici... Ce que vous venez d'entendre, mon cher baron, est en quelque sorte le préambule de ce qui me reste à vous raconter... Vous savez désormais d'une manière certaine et positive qui je suis et ce que je vaux, — vous allez apprendre l'aventure dans laquelle je me suis engagé, et à propos de laquelle je vais vous demander vos conseils et peut-être même votre coopération active.

— Tout cela vous est d'avance acquis, n'en doutez pas !... fit Lascars. — Continuez donc, vicomte, et continuez vite, car votre début excite au plus haut point ma curiosité.

— Voici les faits... — dit Cavaroc, — les voici purement, simplement, sans circonlocutions et sans périphrases : — une semaine environ après mon arrivée à Aix-la-Chapelle, il y avait grande fête au Cursaal, en l'honneur de je ne sais quelle solennité nationale ; — les plus notables habitants de la ville et des environs devaient se réunir aux étrangers dont l'affluence était grande en ce moment.

« Dans une situation aussi peu réjouissante que la mienne je recherchais par-dessus toutes choses les distractions ; — j'allai donc au Cursaal où courait la foule, et comme je ne connaissais personne au milieu de cette foule, je me promis d'être plus assidu dans les salles de jeu que dans les salons de danse. J'avais pris en quittant l'hôtellerie une trentaine de louis ; — je les perdis successivement, après des alternatives qui durèrent jusqu'à minuit. Une fois ma dernière pièce d'or évanouie il ne me restait qu'à me retirer, et c'est ce que j'allais faire, lorsque en traversant la grande galerie où l'orchestre mettait en mouvement les danseurs les plus nombreux, je me trouvai à quelques pas d'une jeune fille qui fixa mon attention à tel point qu'il me devint impossible de détacher mes yeux de son charmant visage. Cette jeune fille ne vous semblerait pas jolie peut-être, mon cher baron, si vous n'aimez que les blondes et roses créatures qui ressemblent à des bergères de Watteau, ou à des nymphes de Boucher... Elle me parut, à moi, ravissante. Figurez-vous, une enfant de seize ans à peine, grande et mince, très pâle, mais d'une pâleur mate et légèrement dorée qui n'avait rien de maladif, avec de grands yeux noirs, des sourcils noirs, et une immense chevelure aussi sombre que ses yeux et ses sourcils. Elle ne portait pas de poudre. — Une rose rouge formait l'unique ornement de ses nattes d'ébène. — Une guirlande de roses rouges garnissait sa robe blanche. — On ne voyait dans toute sa toilette qu'un seul bijou, un collier dont chaque perle devait avoir une valeur énorme, car toutes étaient d'une grosseur surprenante et d'un *Orient* incomparable. Cette jeune fille dansait avec un officier autrichien en grand costume, étrangement roide, et retroussant de seconde en seconde ses incommensurables moustaches. — Elle semblait ne prendre aucun intérêt à la conversation de son cavalier ; — elle l'écoutait distraitement ; — elle lui répondait à peine, et seulement par monosyllabes. — L'orchestre se tut. — Le menuet venait de finir. L'officier fit à sa danseuse un salut compassé, la ramena cérémonieusement à la place où il l'avait prise, salua de nouveau, tordit sa moustache, roidit son torse et, battant en retraite à reculons, se perdit dans la foule, de l'air d'un homme enchanté de lui-même.

« Naturellement, — continua Cavaroc, — je me rapprochai de l'endroit où la jeune fille venait de s'asseoir, et je me plaçai de manière à pouvoir la regarder et l'admirer tout à mon aise. A côté d'elle se trouvait une dame d'une cinquantaine d'années, de haute mine et de physionomie glaciale. — L'orgueil éclatait sur son front ; — la sévérité la plus inflexible se lisait dans son regard rigide. Tout son visage offrait l'expression d'une autorité sûre d'elle-même et qui ne souffre pas de contrôle. Cette dame se penchait vers la jeune fille, elle lui parlait tout bas et, à je ne sais quel air de famille, il me fut facile de deviner qu'elle devait être sa mère, ou du moins sa très proche parente. — Derrière ces deux femmes se tenaient debout deux jeunes gens d'une étrange gravité. — Le premier pouvait avoir vingt-cinq ans et le second vingt-deux ou vingt-trois. — Qui voyait l'un voyait l'autre, tant leur ressemblance était frappante. Le type germanique le plus complet s'incarnait en eux ; — leur taille gigantesque attirait l'attention ; leurs épaules larges et carrées semblaient de force à soulever le monde ; — la délicatesse rosée de leurs teints, leurs cheveux et leurs moustaches, d'un blond presque blanc, contrastaient d'une façon bizarre avec cette apparence athlétique. — Leurs yeux d'un bleu de bleu et lançaient des regards durs, perçants, presque farouches. — Bref, dans ces physionomies caractéristiques, il y avait du gentilhomme, mais il y avait aussi du sauvage. — Je ne supposai pas que le moindre rapport pût exister entre ces Teutons de pur sang et la pâle jeune fille aux roses rouges. — Le jour et la nuit sont moins dissemblables que ne l'étaient ces géants blonds et cette enfant brune. Tandis que je m'absorbais dans une contemplation extatique, l'orchestre préluda, annonçant qu'une nouvelle figure allait commencer. Je ne me charge point de vous expliquer, mon cher baron, à quel sentiment spontané, irréfléchi et irrésistible, j'obéis à mon insu. — Je ne l'ai pas compris moi-même tout d'abord. Je me trouvai debout, à deux pas de la jeune fille, sans savoir comment j'étais venu là. — Je m'inclinai devant elle et je la priai d'une voix très émue de me faire l'honneur de m'accepter pour cavalier. A peine avais-je parlé qu'elle rougit, depuis le sein jusqu'au front ; — en même temps je vis une expression d'étonnement se peindre sur le visage de la dame aux allures sévères, et se refléter comme en un double miroir sur les faces carrées des deux géants. Involontairement je me demandai si je venais de commettre une chose exorbitante, de rompre en] visière aux plus simples convenances, et j'allais vraisemblablement adresser cette même question à l'un des jeunes gens blonds, dont la stupeur visible me semblait insolente, lorsque la matrone aux grands airs, après m'avoir examiné de la tête aux pieds, trouvant sans doute que mon apparence était celle d'un gentilhomme, fit un signe de consentement. La brune enfant, redevenue pâle, appuya aussitôt sa petite main gantée sur la mienne et nous prîmes place parmi les couples que les accords de l'orchestre mettaient en mouvement. — Peu de paroles furent échangées entre nous. — J'étais rentré en possession de mon sang-froid, mais une insurmontable timidité me paralysait, et j'avais toutes les peines du monde à débiter sans trop de gaucherie ces lieux communs de conversation courante qui sont de mise dans un bal. Ma danseuse, au contraire, semblait fort à son aise; — elle me répondait sans le moindre embarras, avec une aisance parfaite, et je ne retrouvais pas sur son délicieux visage cette expression d'ennui dédaigneux qui m'avait frappé quand l'Autrichien en grand uniforme lui servait de cavalier. Je le revis au bout d'un instant, cet Autrichien. — Il était debout juste en face de moi et de la jeune fille, dans un groupe qu'il dominait de toute la tête. — Il me regardait fixement, d'un air qui tenait le milieu entre l'inquiétude et la malveillance. — Je répondis à cet espionnage manifeste par un regard de défi. — L'officier me déplaisait à miracle. — L'idée d'une rencontre avec lui me souriait fort! — Mais sans doute il était d'humeur peu belliqueuse, car il tourna sur ses talons;et je le perdis momentanément de vue. A une heure du matin, la matrone aux grands airs quitta sa place, prit le bras de la jeune fille et se dirigea vers la porte principale des salons. — Les deux géants à moustaches blondes s'ébranlèrent en même temps et formèrent l'arrière-garde. — Je marchai à quelques pas derrière eux. Auprès de la porte l'officier les rejoignit et leur parla vivement, sans qu'il me fut possible d'entendre ses paroles. Sous le vestibule, un grand valet de pied en riche livrée attendait avec des pelisses qu'il plaça sur les épaules des dames, puis il s'élança dehors et fit un appel ; — un carrosse armorié s'avança jusqu'au bas de l'escalier. — Les deux dames et les deux jeunes gens s'installèrent dans ce carrosse. — L'Autrichien, debout auprès de la portière, prit congé et se répandit en salutations et en sourires, puis l'équipage s'ébranla. — Je le suivis.

— Peste, mon cher vicomte, — interrompit Lascars en riant, — il me semble que l'enfant pâle aux cheveux noirs commençait à vous tenir furieusement au cœur !

— Elle exerçait sur moi une véritable fascination, — répondit Cavaroc. — Certes, je ne songeais encore ni à l'aimer ni à me faire aimer d'elle, et cependant j'éprouvais l'impérieux besoin de me dire : Je la reverrai ! Les chevaux prirent le grand trot. — Je me mis à courir de toute ma vitesse. Heureusement l'équipage n'allait pas loin, sans cela j'aurais dû renoncer à ma poursuite, car au moment où le carrosse s'arrêtait devant une grille qui s'ouvrit pour le laisser passer, je tombai sur une borne, sans force et sans haleine, et, pendant plusieurs minutes, je crus que mon cœur, trop dilaté par ma course folle, allait éclater dans ma poitrine. — Mais, que m'importait cette souffrance ?

J'avais atteint mon but. Je savais ce que je voulais savoir. Dès que cette prostration écrasante se fut dissipée, j'examinai avec attention les lieux où je me trouvais. Je gravai dans ma mémoire le nom de la rue, puis je regagnai mon logis et je me jetai sur mon lit, où, pendant tout le reste de la nuit, je ne fermai pas l'œil. Le lendemain matin, dès la première heure, je commençai mes recherches, et je parvins sans peine à retrouver la grille. — Elle donnait sur un vaste jardin, ou plutôt sur un parc; — au bout d'une avenue d'arbres séculaires se voyait un hôtel vraiment princier. Je me livrai aussitôt à la chasse aux renseignements, et j'appris que cet hôtel appartenait à une grande dame veuve et très riche, la baronne de Capellen, qui l'habitait avec ses fils, Valentin et Karl, et avec sa fille Marguerite, car les deux géants blonds et roses, aux longues moustaches et aux yeux farouches, étaient les frères de l'enfant pâle aux cheveux noirs !
— La nature a d'étranges caprices et, comme le dit notre poète : — « Le vrai peut quelquefois n'être pas vraisemblable ! » Je poussai plus loin mes investigations; — je semai à droite et à gauche bon nombre de pièces d'or; — je questionnai des fournisseurs, je finis par découvrir qu'il était vaguement question d'un mariage entre Marguerite de Capellen et un certain comte Magnus de Rolandseck, jeune Germain deux fois millionnaire et jouissant du grade de capitaine dans l'armée de Sa Majesté très catholique l'empereur d'Autriche. Je me dis à l'instant même que le comte de Rolandseck devait être cet officier si raide et si content de lui-même dont je vous ai parlé tout à l'heure, et qui m'avait déplu au delà du possible. Je ne me trompais pas. Une fois ces renseignements ob-

tenus, je me mis à réfléchir, je me rendis compte de la situation, et j'en établis ainsi le bilan : — d'un côté, une belle jeune fille, amplement dotée, presque fiancée déjà, et entourée d'une famille sévère et hautaine. — D'autre part, votre serviteur, c'est-à-dire un très bon gentilhomme, sans un sou, criblé de dettes et forcé de s'expatrier pour cause de contrainte par corps. Ce pauvre diable de gentilhomme, dans de telles conditions, pouvait-il avoir la moindre chance de supplanter le prétendu officiel et d'obtenir la main de la jeune fille millionnaire. Non, cent fois non!.,. n'est-il pas vrai ? — La situation était désespérée, — c'est votre avis comme le mien, mon cher baron, j'en suis convaincu.

— Vicomte, — répondit Lascars d'un ton sentencieux, — je ne puis admettre qu'il y ait en ce monde une situation désespérée. — La force de volonté, la persévérance, le hasard surtout, triomphent chaque jour des obstacles qui semblaient le plus insurmontables. — Tout est possible, — voilà mon avis, tout est possible, même l'impossible.

— La suite de mon aventure, jusqu'à présent du moins, semble vous donner raison, — continua Cavaroc, — vous en aurez bientôt la preuve. J'étais fermement convaincu que je ne pouvais arriver à rien, et je n'en recherchais pas moins toutes les occasions de voir Marguerite de Capellen. Ces occasions devaient être assez fréquentes dans une ville comme Aix-la-Chapelle, où les fêtes du Cursaal réunissent l'élite de l'aristocratie. — Je dansai plusieurs fois avec la jeune fille. — Je trouvai moyen de faire connaître à la baronne mon nom et mon titre, et la fière patricienne qui savait sur le bout du doigt le nobiliaire européen

accueillit depuis lors mes humbles saluts sans trop de hauteur, et me toléra d'assez bonne grâce parmi les danseurs de sa fille. Il me faudrait beaucoup de temps et beaucoup de paroles, mon cher baron, pour vous raconter en détail comment cette fascination, subie par moi dès la première entrevue, se changea peu à peu en une passion sérieuse, et comment Marguerite écouta, non seulement sans colère mais encore avec une émotion du meilleur augure, les tendres aveux que je murmurais à son oreille, tandis que l'orchestre du Cursaal versait sur nous des torrents d'harmonie. J'eus le courage, un soir, de lui parler de mon rival, de cet odieux comte de Rolandseck, auquel, disait-on, sa main était destinée. Elle me répondit en souriant que Magnus lui semblait l'être du monde le plus ridicule, et que s'il lui fallait choisir entre un tel époux et le couvent, elle choisirait le couvent sans hésiter. Le résultat de tout ceci fut que je perdis complètement la tête, que j'oubliai ce bilan si nettement tracé qui semblait me défendre la moindre espérance, et qu'un beau jour, en habit de gala, je sonnai à cette grille que je connaissais si bien, et je me fis annoncer chez la baronne.
—Madame de Capellen se trouvait dans son salon, avec Valentin, l'aîné de ses fils, et avec Marguerite. La mère et le fils semblèrent très surpris en entendant le valet de chambre prononcer mon nom. — Ni l'un ni l'autre, cela était clair comme le jour, ne s'expliquait la visite d'un étranger qui ne leur avait point été présenté... La baronne, néanmoins, m'accueillit avec politesse, quoique avec raideur. — Le fils aîné répondit à mon salut par un mouvement de tête à peine suffisant.—Quant à Marguerite, devenue pourpre soudain, comme une grenade en fleur, elle avait quitté le salon,

ou plutôt elle s'était enfuie au moment de mon arrivée. Lorsque je me trouvai face à face avec cet insolent jeune homme et cette grande dame à l'air rogue, qui, muets tous deux et leurs regards fixés sur moi, paraissaient attendre l'explication de ma présence, je m'avouai tout bas que je venais de faire une démarche absurde, presque ridicule, et je comparai mentalement ma situation à celle d'un renard qui s'est jeté tête baissée dans une fosse d'où il ne sait plus comment sortir... Par malheur, je m'avisais de cela trop tard...
— *Le vin était tiré*, comme dit le proverbe, — *il fallait le boire...*

» Il fallait à tout prix faire bonne contenance — continua Cavaroc — et ne point avoir l'air d'un sot, sous peine d'expirer de confusion devant les deux personnages que j'étais venu si follement affronter chez eux. Je me trouvais en face d'une grande glace dans laquelle je me voyais de la tête aux pieds. — Je fis des efforts héroïques et je parvins à donner à mon visage l'expression d'un calme que j'étais bien loin de ressentir. Ayant remporté sur mon émotion cette première victoire, j'entamai l'entretien résolument. — Je parlai d'abord de moi-même, de ma naissance, des alliances de ma famille avec les plus illustres maisons de France, — je parlai ensuite de mon château languedocien, je laissai supposer que les terres qui l'entouraient n'avaient pas cessé de m'appartenir, et quelques mots adroits, qui cependant ne pouvaient me compromettre dans le cas où l'on irait aux renseignements, permirent à mes auditeurs d'évaluer assez haut le revenu de ces terres. C'était de bonne guerre, n'est-il pas vrai, mon cher baron?...

— Pardieu! je le crois bien! répliqua Lascars. —

Règle générale, selon moi, tout ce qui peut aider au succès me paraît légitime.

— La baronne et son fils ne faisaient point mine de m'interrompre — poursuivit le vicomte — ils m'écoutaient d'un air impassible, mais je surprenais de temps en temps un regard échangé entre eux, et ce regard signifiait clairement : — *Pourquoi donc ce gentilhomme nous raconte-t-il ainsi ses affaires?* Le moment décisif et terrible était arrivé. — Je franchis le Rubicon — Je déclarai mon amour pour Marguerite, et j'ajoutai que je serais le plus fier et le plus heureux des hommes si j'avais l'honneur et le bonheur d'obtenir sa main... Ayant ainsi parlé, j'attendis. La physionomie de la baronne exprimait un redoublement de hauteur. — Je vis sur les lèvres de son fils un sourire moqueur qui valait un soufflet et qui me fit monter le sang au visage. — Je me dominai cependant, j'imposai silence à ma colère et j'attendis mon arrêt... Madame de Capellen ne me le fit pas attendre longtemps. Sa réponse brève, polie dans la forme, fut écrasante d'ironie contenue. — Je ne saurais me rappeler les paroles mêmes de cette réponse, mais le sens était celui-ci « — Je ne prétends nullement, monsieur, que
» vous soyez un aventurier; — peut-être êtes-vous ce
» que vous dites ; je l'ignore, n'ayant d'autre garantie
» que votre parole, qui est pour moi la parole d'un
» inconnu. — Vous demandez, dans de telles condi-
» tions, la main d'une jeune fille de grande maison et
» de grande fortune... C'est là une démarche qui ne
» saurait être prise au sérieux; — le mieux est donc de
» la regarder comme non-avenue... — Je ne me recon-
» nais en aucune façon le droit de vous conseiller,
» peut-être, cependant, vous trouveriez-vous bien, à

» l'avenir, d'user de plus de réserve et de mettre plus
» de réflexion et de circonspection dans vos actes... »
Madame de Capellen, en terminant ce petit discours,
se leva. — C'était une façon très claire de me faire
comprendre que l'audience, surprise par moi plutôt
qu'obtenue, était terminée. Il faut bien vous l'avouer,
baron, — dussé-je vous paraître très ridicule — je ne
trouvai pas un mot à répondre. Je saluai la baronne,
je regardai bien en face le géant, qui se frottait les
mains d'un air de jubilation méchante, et je battis en
retraite, la tête haute, mais la rage dans le cœur. —
— J'étais furieux et j'étais désespéré... Pendant quelques minutes, le violent orage qui grondait dans mon
âme me rendit incapable de tout raisonnement suivi.
— Quand le calme me fut enfin revenu, je fis mon *meâ
culpa*, je confessai que je venais d'agir comme un niais,
que j'avais non seulement reçu une humiliation méritée, mais encore compromis gravement mes intérêts
à venir, et j'ajoutai en forme de conclusion que lorsque le vicomte de Cavaroc, parfaitement ruiné, voulait épouser Marguerite de Capellen, millionnaire,
c'était d'elle seule qu'il fallait l'obtenir, et non de sa
famille. Je me souviens même que je m'écriai, dans un
transport impétueux : « — Le dernier mot de tout
ceci n'est pas dit... Famille orgueilleuse et que je déteste, j'aurai votre fille malgré vous ! je le jure à moi-
même, et je tiendrai mon serment. »

— Bravo ! vicomte ! — interrompit Lascars — voilà
une apostrophe qui me plaît! J'aime à vous entendre
parler ainsi !... — il est impossible qu'une résolution
prise et formulée avec une si belle énergie, ne conduise pas un peu plus tôt ou un peu plus tard au
succès ! — Continuez, vicomte, continuez... — je

m'intéresse à votre récit plus que je ne saurais le dire...
— Grand merci de cet intérêt ! — répondit Cavaroc — vos suffrages me sont précieux ; — ils suffiraient pour me fortifier si le courage me faisait défaut.

Le vicomte remplit de vin de Xérès, couleur de topaze brûlée, un des verres à pattes en forme de tulipe ; — il le vida d'un trait, puis reprit :

— J'écrivis, séance tenante, un billet touchant et passionné que je destinais à Marguerite... — Je racontais à la jeune fille le triste résultat de la démarche tentée par moi auprès de la baronne... — Je lui peignais mon désespoir amer, incurable, je lui faisais force serments d'éternel amour, et je terminais en affirmant que ma mort serait certaine et prompte, si ma bien-aimée devait me retirer son cœur. Cette lettre achevée, je la relus... — C'était un chef-d'œuvre ! — Oui, baron, un vrai chef-d'œuvre qui m'attendrit au point de faire couler mes larmes ; — je ne les retins point et elles laissèrent sur le papier des traces éloquentes auxquelles nulle femme ici-bas n'aurait été capable de résister. Je pliai et je cachetai ma missive dont j'attendais le meilleur résultat ; — seulement, une difficulté se présentait : — Comment la faire parvenir à son adresse ? — Je cherchai, et bientôt je crus avoir trouvé... Il y avait grande fête, le même soir, au Cursaal. Sans doute la baronne et Marguerite y viendraient... — Il me serait impossible, je le savais, de danser avec la jeune fille ; mais, au milieu du mouvement d'un bal, je saurais faire naître une occasion de m'approcher d'elle, de la prévenir par un signe mystérieux, et de glisser ma lettre dans sa main complice. Un peu ranimé par cette espérance, j'arrivai au Cursaal l'un des premiers et je me plaçai en observation. — Pendant plus de deux heures, mon attente fut vaine ; la baronne de Capellen et Marguerite ne paraissaient pas. Tout à coup je tressaillis.

— Une main lourde venait de s'appuyer d'une façon brutale sur mon épaule, avec assez de force pour me faire ployer à demi. Je me retournai brusquement, prêt à châtier celui, quel qu'il fût, qui venait de se permettre à mon égard une agression si imprévue et si inconvenante ; — ma colère naissante tomba pour faire place à l'étonnement quand je vis en face de moi les figures tout à la fois farouches et railleuses des deux gigantesques jeunes gens, Valentin et Karl de Capellen. Ils étaient l'un et l'autre parfaitement calmes. — Un mauvais sourire écartait leurs lèvres épaisses, et l'aîné, de la même main qui m'avait touché l'épaule, caressait ses moustaches blondes. J'allais parler : il ne m'en laissa pas le temps.

— Monsieur... dit-il.

Il eut l'air de chercher dans sa mémoire, puis il ajouta :

— Excusez-moi... votre nom m'échappe... — Veuillez me le rappeler, je vous prie.

— Le vicomte de Cavaroc — répliquai-je.

— Le vicomte de Cavaroc, soit, puisque c'est ainsi que vous vous faites appeler... — reprit-il avec impertinence. — Eh bien ! monsieur le vicomte, nous désirons, mon frère et moi, avoir avec vous un court entretien.

— Je suis à vos ordres — messieurs.

— Suivez-nous donc... — continua Valentin — car, au milieu de cette foule, on s'expliquerait malaisément...

Les deux frères se dirigèrent vers un petit salon attenant aux salles de jeu, et qui se trouvait en ce moment à peu près désert. Je marchai derrière eux, très préoccupé, je dois en convenir, de ce qu'allait être cette explication avec deux hommes qui, sans le moindre doute, étaient mes ennemis. Aussitôt que nous eûmes franchi tous trois le seuil de la petite pièce, Valentin se tourna :

— Monsieur — me dit-il d'un ton qu'il voulait rendre foudroyant — ce n'est pas nous que vous comptiez voir ici cette nuit?... ce n'est pas nous que vous attendiez? cela est-il vrai?

— Monsieur le baron — répliquai-je très froidement — je ne dois compte de mes actions et de mes pensées qu'à moi seul.

— Vous vous trompez, monsieur — s'écria le géant — vous m'en devez compte, à moi, quand ces actions et ces pensées se rapportent, directement ou indirectement, à l'un des membres de ma famille... — Or, si vous êtes au Cursaal en ce moment, c'est que vous aviez l'espoir que ma mère et que ma sœur y viendraient... — Ceci me déplait, monsieur, à moi, l'aîné des Capellen...
— Voilà ce que je veux vous dire.

— Ceci vous déplait, monsieur le baron !... — répétai-je avec ironie, — c'est un malheur, mais que puis-je y faire ?

— Vous pouvez éviter qu'une chose qui ne me convient pas se renouvelle à l'avenir... — vous pouvez vous rendre à l'invitation que je vais vous adresser.

— Et cette invitation ?

— C'est de quitter Aix-la-Chapelle dès demain.

La demande était tellement inattendue, la prétention si exorbitante que, malgré la gravité de la situation, je souris.

— Prenez garde, monsieur — reprit Valentin avec colère — prenez garde !

— A quoi? monsieur le baron.
— A la manière dont vous allez me répondre... Etes-vous prêt à quitter la ville?... Oh! pas d'hésitation! pas de détours! êtes-vous prêt, oui ou non?
— Non, monsieur le baron, non! cent fois non!
— Ainsi, vous refusez de partir?
— Oui, cent fois oui!
— Je saurai vous y contraindre... ou plutôt je ferai mieux.
— Comment cela, monsieur le baron?
— Quoiqu'il soit toujours pénible pour un homme tel que moi de se commettre avec un inconnu, je vous ferai l'honneur de me battre avec vous... — et je vous tuerai...

« Je devais être pâle comme un linceul; — mon cœur battait dans ma poitrine à me faire croire qu'il allait se briser. — J'éprouvais une féroce envie de m'élancer sur le géant quoiqu'il fût de taille et de force à m'étouffer en fermant les bras! — de le saisir à la gorge et de l'étrangler! quand je l'entendis parler de duel, j'ouvris la bouche pour lui répondre : « — Vous avez votre épée, j'ai la mienne... n'attendons ni une heure ni une minute... battons-nous! battons-nous à l'instant!... »
— Mais la réflexion m'arrêta. — Un duel avec le frère de Marguerite rendait impossible, quelle que fût l'issue de ce duel, le mariage que je convoitais... — mon intérêt et mon amour me dictaient donc impérieusement une ligne de conduite dont je ne pouvais pas m'écarter. Je me fis violence; — j'enfonçai mes ongles dans la chair de ma poitrine, sous les dentelles de mon jabot; j'imposai silence aux battements de mon cœur et je répondis :
— Le frère de mademoiselle de Capellen est sacré

pour moi !... Jamais, quoi qu'il fasse, je ne tirerai l'épée contre lui.

« Valentin et Karl se regardèrent et firent entendre un éclat de rire insultant.

— Monsieur — reprit ensuite l'aîné des géants avec une expression d'indicible mépris... — Si j'avais pu conserver l'ombre d'un doute à votre sujet, ce doute s'évanouirait présentement... vous avez volé le nom et le titre que vous portez !...vous n'êtes point un gentilhomme, vous êtes un faquin ! un gentilhomme a du sang dans les veines, et vous n'en avez pas !... un gentilhomme est brave, et vous êtes un lâche !...

« Comment me fut-il possible de rester maître de moi et de ne pas plonger mon épée jusqu'à la garde dans le cœur de Valentin, au moment où il me souffletait en plein visage par ces odieuses paroles ? — Je ne me charge pas de vous l'expliquer... Sans doute je fus retenu présisément pas la haine immense, implacable, que l'aîné des Capellen commençait à m'inspirer, . — Sans doute je me dis : — *La véritable vengeance à tirer de cet homme est de prendre sa sœur malgré lui...* Toujours est-il que je balbutiai d'une voix tremblante le ridicule adage avec lequel les poltrons essayent de sauvegarder leur couardise :

— » Il y a souvent plus de vrai courage, monsieur le baron, à supporter une insulte qu'à mettre l'épée à la main... — balbutiai-je.

» Valentin me toisa de bas en haut, et ses yeux exprimèrent un immense dégoût.

— » J'ai honte de penser — murmura-t-il — que je consentais tout à l'heure à croiser le fer avec cet homme ! — c'était déshonorer mon épée !...

» Puis s'adressant à moi, il ajouta :

— » Maintenant, monsieur, voici mes ordres, et, si vous tenez à la vie, n'oubliez pas qu'il faut les suivre ! — Je vous défends de vous souvenir que mademoiselle de Capellen existe ! — Je vous défends de prononcer son nom ! — Je vous défends de chercher à la revoir !... — Une désobéissance serait votre arrêt de mort ! — vous voilà prévenu... — Faites une démarche pour vous rapprocher de ma sœur, une seule, et je jure de vous tuer comme un chien, d'un coup d'épée ou de pistolet, sans miséricorde et sans remords !...

» Là-dessus Valentin reprit le bras de son frère et tous deux, me tournant le dos, sortirent ensemble du petit salon... Je tombai sur un siège et j'y restai pendant un temps assez long, muet, absorbé, anéanti, et plus semblable, je le suppose, à un cadavre qu'à un vivant... — Au bout d'une heure je revins à moi, et alors une fièvre ardente succéda à cette prostration du corps et de l'âme... — L'idée me vint que j'allais mourir... — Je la chassai brusquement, et je me dis, presque à voix haute :

— « Allons donc !... — Est-ce qu'on meurt quand on veut conquérir à la fois la fortune et la vengeance ?...

» Je ne parlais pas de l'amour ! — C'est qu'en effet je n'aimais plus... — Ma tendresse pour Marguerite venait de disparaître, engloutie en quelque sorte dans ma haine pour Valentin... Je songeais désormais uniquement à la lutte que j'allais engager, moi faible, isolé, presque sans ressources, contre une famille riche et puissante, la première de la ville, sans contredit, par son rang, son influence et son crédit... L'argent est le nerf de l'intrigue comme il est celui de la guerre... — c'est un vieux proverbe qui l'affirme, et les proverbes ont toujours raison... — La somme que je possédais était certainement insuffisante pour entrer en campagne et commencer les hostilités... — Je ne m'en inquiétai pas un instant.

— « Je vais jouer et gagner !... me dis-je avec une étrange certitude... — Cette certitude était si grande que j'aurais jeté ma vie sur le tapis vert sans le plus petit battement de cœur... — Perdre dans un tel moment, me semblait impossible...

» C'était de la bonne et belle folie, mon cher baron, j'en conviendrai tant que vous voudrez... — Toujours est-il que l'événement me donna raison. — J'entrai dans l'un des salons de jeu, je jetai au hasard sur la rouge les quelques louis que j'avais dans ma poche ; — je doublai ma mise du premier coup, je fis paroli trois ou quatre fois de suite et je me retirai en emportant une masse d'or qui représentait douze ou quinze mille livres... J'employai le reste de la nuit à récrire une nouvelle lettre pour Maguerite, lettre renfermant le récit de la scène qui venait d'avoir lieu au Cursaal entre Valentin et moi ; — je me faisais un mérite immense aux yeux de la jeune fille des insultes que je venais de subir pour l'amour d'elle. — « *Votre frère me tuera, s'il le veut,*—lui disais-je ; — *je ne me défendrai point. — Pas une goutte de son sang ne coulera sous ma main... — Jugez si je vous aime, Marguerite !...* » Le lendemain je me mis en rapport avec la femme de chambre de mademoiselle de Capelien. — Je voulais acheter cette fille. — Elle accueillit avec un semblant de colère mes premières ouvertures... — Elle me parla de son dévouement et de sa fidélité à la baronne, au service de laquelle elle était depuis vingt ans... — C'était un moyen adroit pour se faire payer plus cher. — Je n'en doutai pas car je ne crois ni à l'attachement ni à la fidélité des gens qui nous servent... — Les ennemis de la maison, les vrais ennemis, les ennemis implacables, ce sont eux ! — j'augmentai mes offres... — Je vis la camériste faiblir... — Je fis ruisseler l'or... — Elle céda et se chargea de remettre mes lettres et de m'apporter les réponses, si mademoiselle de Capellen consentait à me répondre... — Seulement elle refusa de mettre les pieds dans l'hôtellerie où je demeurais, me donnant pour raison que sa présence en un lieu aussi public serait remarquée et ses visites dénoncées à la baronne, ce qui la ferait infailliblement mettre à la porte... La raison me parut bonne et valable. — Je me mis aussitôt en quête d'un logement isolé. — Je trouvai la petite maison où nous voici, maison que quelques centaines de pas à peine séparent de l'hôtel Capellen ; — je m'entendis sur-le-champ avec son propriétaire et je m'y installai le soir même... Jugez de la joie que je ressentis, mon cher baron, lorsque, le surlendemain, je vis paraître la femme de chambre qui m'apportait une lettre de Marguerite... La pauvre enfant me racontait ses douleurs et ses larmes avec une naïve éloquence... — Immédiatement après mon entrevue avec sa mère, elle avait eu à subir une scène odieuse de la baronne et de ses deux fils, constitués en tribunal de famille. — Pressée de questions à mon sujet, elle avait laissé échapper l'aveu que je ne lui étais point indifférent, ou du moins son trouble et sa rougeur avaient parlé pour elle... — Depuis ce moment elle vivait au milieu des siens comme une accusée, comme une coupable... — Elle ne voyait autour d'elle que des visages sévères ; — elle ne sortait plus de sa chambre ; — elle n'y pouvait plus recevoir personne ; — elle menait enfin une existence d'ennui, de tristesse et de découragement ; — elle n'espérait plus me revoir — (ajoutait-elle) — mais elle sentait bien qu'elle ne m'oublierait pas, et qu'après m'avoir donné son cœur elle ne me le reprendrait jamais... Je répondis à l'instant même, et la correspondance la plus active, mais la moins variée, nous réunit par la pensée, Marguerite et moi, pendant plusieurs semaines... Avec votre expérience et votre habitude du monde, mon cher baron, vous devez comprendre sans peine quels progrès, en de telles circonstances, devait faire la passion dans la jeune tête exaltée de l'innocente prisonnière... — Si la baronne avait pris à tâche de centupler l'amour que sa fille éprouvait pour votre serviteur, elle n'aurait point agi de façon différente... Un beau matin, la camériste arriva chez moi avec une physionomie toute particulière. — Cette honorable duègne donnait à son visage parcheminé une expression d'importance et de mystère que je ne lui avais pas encore vue. En me remettant la lettre de Marguerite, elle me dit :

— « Monsieur le vicomte, j'ai l'ordre de mademoiselle de lui apporter la réponse... — Je viendrai donc la prendre dans une demi-heure... — à moins que monsieur le vicomte ne préfère l'écrire devant moi... Ce qui vaudrait peut-être mieux... pour certaines raisons que monsieur le vicomte comprendra très certainement avant qu'il soit peu...

— Vous savez ce que mademoiselle de Capellen m'écrit ?... — demandai-je avec une nuance de surprise.

— » Oui, monsieur le vicomte... — fit la duègne.

— » Alors asseyez-vous, et attendez...

» Je déchirai l'enveloppe et je lus rapidement... La

situation devenait grave... Le comte Magnus de Rolandseck avait dîné la veille à l'hôtel Capellen en grande compagnie et, après le repas, il avait été présenté officiellement et cérémonieusement à tous les convives comme le fiancé de Marguerite, et bientôt son époux, le mariage devant être célébré dans trois semaines... Ceci, mon cher baron — (soit dit entre parenthèse) — se passait il y a dix jours... Marguerite s'était évanouie ; — en revenant à elle-même, dans sa chambre, elle avait vu la baronne debout auprès de son lit, sévère et solennelle comme une des statues de marbre blanc de la cathédrale, et les paroles suivantes étaient tombées lentement des lèvres de la terrible dame :

— » Prenez garde, ma fille !... — toute tendresse a des bornes, même la tendresse maternelle, et je retirerais sans hésiter mon affection à une enfant indigne de moi... — J'ai agréé la recherche du comte Magnus. — Vous épouserez le comte Magnus, ou les grilles d'un cloître se fermeront sur vous et ne se rouvriront plus...

» Puis la baronne s'était retirée... Marguerite avait passé une nuit affreuse ; — elle savait sa mère inflexible ; — elle perdait la tête ; elle se sentait devenir folle ; — elle voulait me voir... elle voulait me voir le soir même... La lettre se terminait à peu près de cette façon et il était facile de comprendre qu'elle avait été écrite avec un désordre d'esprit complet. Je me tournai vers la camériste, comme pour la questionner du regard. Elle ne se trompa point au sons de mon interrogation muette, et elle me répondit :

— » Hélas ! oui, monsieur le vicomte, c'est ainsi que les choses se sont passées.

— » Comment se fait-il que vous soyez si bien instruite ?... — demandai-je.

— » C'est tout simple... — j'étais dans la chambre voisine, hier au soir, quand madame la baronne a parlé à mademoiselle... — Je n'ai pas perdu un seul mot de son petit discours... — Mademoiselle a pleuré dans mes bras toute la nuit, et c'est en ma présence, en articulant presqu'à haute voix chaque phrase, qu'elle a écrit ce matin à monsieur le vicomte.

— » Alors, vous savez qu'elle veut me voir ?...

— » Je le sais...

— » Une telle entrevue est-elle possible ?...

— » Elle est difficile, assurément, mais elle n'est pas impossible...

— » Expliquez-vous...

— » Je jouis, depuis vingt ans, de la confiance entière de madame la baronne, et jusqu'au jour où j'ai rencontré M. le vicomte, cette confiance était méritée... —Toutes les clefs de l'intérieur de l'hôtel sont à ma disposition ; — je couche au premier étage dans un cabinet attenant à l'appartement de mademoiselle ; — ce cabinet communique avec le rez-de-chaussée par un escalier dérobé... — Je puis donc, lorsque les maîtres et les serviteurs seront endormis, conduire mademoiselle au jardin.

» La femme de chambre s'interrompit.

— Pouvez-vous aussi m'introduire dans le jardin ?... — lui demandai-je vivement. — pouvez-vous m'en ouvrir la porte ?...

— » Non. — me répondit-elle — je ne le puis pas...

— » Pourquoi ?

— » Les clefs de la grille et de la petite porte sont entre les mains du concierge et, si je les lui demandais, j'exciterais certainement ses soupçons, ce qui risquerait de tout compromettre, mais je puis indiquer à monsieur le vicomte le moyen d'arriver sans peine auprès de mademoiselle...

— » Parlez vite! — m'écriai-je.

» La camériste de Marguerite m'expliqua longuement qu'avant de me venir trouver elle avait prévu ma demande, et cherché les moyens d'y répondre d'une manière satisfaisante.

» A deux cent cinquante pas de la grille, — me dit-elle — se trouve dans le jardin à côté de la muraille un gros châtaignier dont les basses branches descendent presque jusqu'à terre et forment un escalier très commode pour un gentilhomme aussi leste que monsieur le vicomte. — Il suffira, depuis le dehors, de lancer une échelle de corde terminée par des crochets qui se fixeront au sommet du mur... — Une fois sur ce mur, monsieur le vicomte descendra sans peine, et surtout sans danger... — Qu'en pense monsieur le vicomte?

LXVIII

LE TÉMOIN DE CAVAROC

« — En effet, répliquai-je, la chose me semble facile et d'ailleurs, fallût-il risquer cent fois ma vie pour me rapprocher de celle que j'aime, je n'hésiterai pas un instant...

» — Une fois dans le jardin — continua la camériste — monsieur le vicomte nous trouvera sans peine car je serai avec mademoiselle sous les branches mêmes du châtaignier et, comme il serait dangereux de causer en plein air, à cause de l'indiscrétion du vent qui s'empare des paroles et les emporte à l'aventure, je conduirai monsieur le vicomte et mademoiselle Marguerite au petit kiosque où ils seront parfaitement en sûreté et à l'abri de toute surprise...

» — Je vais me procurer une échelle de corde sans perdre un instant ! m'écriai-je, à quelle heure faudra-t-il tenter l'escalade ?

— » Mademoiselle et moi nous sortirons de l'hôtel

au moment où l'horloge de la cathédrale sonnera une heure moins un quart...

» — C'est bien, je serai exact...

» — Oh ! je ne me permettrais pas d'en douter... — répondit la cámériste, monsieur le vicomte est trop bon gentilhomme pour se faire attendre jamais à un rendez-vous de duel ou d'amour... D'autant plus — ajouta la fine mouche avec un sourire expressif — d'autant plus que tout cela finira par un mariage, la chose est évidente, et mademoiselle Marguerite est la plus riche héritière d'Aix-la-Chapelle... Sans compter la fortune de madame la baronne, dont le tiers doit lui revenir un jour, mademoiselle possède dès à présent sa part de l'héritage de feu monsieur le baron, et cette part, à ce qu'on assure, monte au moins à deux millions... C'est là, je pense, un joli denier.

« Deux millions !... — deux millions à toucher à l'instant même ! — Deux millions que la colère maternelle ne pouvait enlever à Marguerite. Mon cœur battit... le sang monta violemment à mes tempes, mais je m'efforçai de ne rien laisser voir de mon émotion.

» — Monsieur le vicomte comprendra sans doute à quel point je m'expose pour le servir... — continua la cámériste — je serais perdue si jamais madame la baronne ou messieurs de Capellen venaient à savoir que j'ai facilité des rendez-vous nocturnes, quoique ce soit assurément en tout bien, tout honneur... — on me jetterait en prison pour le reste de mes jours... — Je pense que monsieur le vicomte daignera reconnaître mon dévouement et qu'il m'attachera à la personne de madame la vicomtesse après le mariage...

» Je répondis en mettant une poignée de pièces d'or dans la main de la femme de chambre... — Je lui donnai en outre toutes les assurances imaginables que j'assurerais sa fortune et je la renvoyai avec un billet de quelques lignes pour Marguerite. — Deux heures après je m'étais procuré l'échelle nécessaire, et j'attendais la nuit avec une fiévreuse impatience. — A l'heure indiquée par la cameriste, je franchis la muraille ; — j'avais à ma ceinture, outre mon épée, deux pistolets, car la pensée d'un guet-apens possible me préoccupait... J'eus bien vite la preuve que cette crainte était sans fondement ; — je trouvai Marguerite sous le châtaignier ; — le trouble et l'agitation de la pauvre enfant dépassaient ce que je pourrais vous dire... — Il me fut difficile de la calmer, de la rassurer ; — j'y parvins cependant après un long entretien dans le petit kiosque ; — elle me renouvela le serment de n'aimer jamais que moi, de n'appartenir jamais qu'à moi, et elle me jura qu'elle était décidée à tout, plutôt que de subir le mariage odieux imposé par sa famille. — Vers trois heures du matin, je me retirai paisiblement, sans que la moindre alarme fut venue troubler notre entrevue... Mes rendez-vous nocturnes avec mademoiselle de Capellen se sont, depuis cette époque, renouvelés quatre fois... — Je dois cette nuit, en vous quittant, m'introduire de nouveau dans le jardin de l'hôtel. Marguerite m'aime plus que jamais, et plus que jamais elle déteste Magnus de Rolandseck ; — de ce côté mes affaires vont bien, mais les difficultés de la situation n'en restent pas moins immenses, car le temps marche, l'époque du mariage approche, la famille s'occupe activement des préparatifs, le fiancé passe une partie de ses journées et toutes ses soirées à l'hôtel, et Marguerite est trop faible et trop craintive pour oser résister en face à la fière baronne et aux jeunes et farouches géants Valentin et Karl, qui d'ailleurs, j'en ai la conviction, ne reculeraient point devant la violence pour la contraindre... Vous savez maintenant, cher monsieur de Lascars, tout, ou du moins la plus grande partie de ce que je tenais à vous apprendre... — Je fais un appel à la sympathie que vous avez bien voulu me témoigner... j'ai recours à votre expérience... que me conseillez-vous ?...

— Il me semble, vicomte — répondit Roland — que vous n'avez pas le choix des partis à prendre... — pour ma part, je n'en vois qu'un, mais je puis vous affirmer qu'il est bon...

— Et, ce parti, demanda vivèment Cavaroc, quel est-il ?...

— Vous m'avez dit que mademoiselle de Capellen était prête à tout pour éviter de devenir comtesse de Rolandseck?

— Oui.

— Sa confiance en vous est absolue?...

— Oui.

—Eh! bien, enlevez Marguerite et épousez-la. Quelles que soient les préventions de la famille contre vous, une fois marié, il faudra bien que cette famille vous accepte... d'ailleurs, en supposant que la baronne et ses fils rompent à tout jamais avec votre femme, il vous restera toujours deux millions pour vous consoler...

— Mon ami, — s'écria Cavaroc — ce que vous me dites-là m'enchante! vous me conseillez tout justement la chose que j'avais à peu près décidée...

— Ceci est une preuve sans réplique que nous sommes tous deux dans le vrai... répliqua Lascars en riant.

— Je me suis occupé déjà de chercher un prêtre qui

consente à célébrer au milieu de la nuit mon mariage avec Marguerite...

— Avez-vous trouvé ce digne homme ?

— Oui... — je lui ai fait mystère, comme bien vous pensez, du nom de la jeune fille... — j'ai su l'intéresser par un petit roman de mon invention... — je lui ai persuadé que sa conscience ne lui permettait pas d'accueillir ma demande par un refus... — Bref, il se prête à tout de bonne grâce, et lorsqu'il saura qu'il s'agit de mademoiselle de Capellen il sera trop tard pour battre en retraite et pour revenir sur sa promesse...

— Eh ! bien, vicomte, voilà qui marche à merveille, ce me semble ; vous avez la fiancée, vous avez le prêtre... que vous manque-t-il encore ?

— Des témoins...

— Ceci est la moindre des choses... — les premiers venus suffiront... — quatre *pontes* dépouillés par la roulette ou par le trente ou quarante, se mettront avec enthousiasme à votre disposition moyennant quatre louis.

— Sans doute, mais quelle humiliation pour moi d'en être réduit à solliciter la signature de ces pauvres diables... — Cette signature achetée au prix de quelques écus sera dans les mains de la famille une arme puissante dont elle ne manquera pas de faire usage contre moi... Il me faudrait parmi mes témoins un compatriote, un gentilhomme, un personnage enfin d'une notoriété imposante, sauvegardant ma dignité par la preuve d'estime que je recevrais de lui...

— Vicomte — demanda Lascars en souriant, — vous plairait-il que je sois ce gentilhomme ?..

— Ah ! cher baron — s'écria Cavaroc, ce serait le plus cher de mes vœux ! tel est en effet le service im-

16.

mense que j'ose attendre de vous... rendez-moi ce service et, je vous le jure, ma reconnaissance sera sans bornes...

— A quoi bon tant de reconnaissance pour un service si facile à rendre ? Je serai payé trop chèrement par le plaisir de vous obliger...

— Vous consentez donc ?

— Certes !... et de grand cœur.

Cavaroc saisit la main de Lascars et la serra avec une véritable effusion.

— Baron, cher baron — fit-il ensuite, — vienne le jour où, à mon tour, je pourrai vous dire : *Disposez de moi comme d'une chose à vous !*...

— Ce jour viendra peut-être, et plutôt que vous ne le croyez, vicomte... — pensa Lascars...

Puis, tout haut, il ajouta :

— Quand aurez-vous besoin de moi?

— Dans la nuit de demain sans doute... — je vais convenir de tout avec Marguerite cette nuit, et j'irai vous voir dans la journée pour vous mettre au courant...

— Où la célébration du mariage aura-t-elle lieu ?...

— Marguerite aurait souhaité recevoir la bénédiction nuptiale dans une des chapelles de la cathédrale, mais c'est impossible...

— Pourquoi ?

— Il faudrait mettre trop de monde dans la confidence...

— C'est juste.

— Nous nous marierons donc chez le prêtre lui-même, et je vous indiquerai sa demeure, ainsi qu'à mes trois autres témoins...

— Aussitôt après le mariage, amènerez-vous votre femme dans cette maison?

— Je m'en garderai bien... une chaise de poste attendra, toute attelée, à la porte du prêtre... — J'y monterai avec Marguerite, et nous quitterons Aix-la-Chapelle pour un temps plus ou moins long...

— Je m'explique mal, je l'avoue, les motifs de ce brusque départ en de telles circonstances...

— Ces motifs sont cependant les plus simples du monde, et les plus légitimes... — Je connais messieurs Valentin et Karl... ils me pardonneront difficilement d'avoir obtenu, malgré eux, l'honneur de leur alliance, et j'ai la conviction que ces jeunes gens aimables, dans le premier feu de leur colère, tueraient leur beau-frère sans plus de façon qu'ils n'en mettraient avec un chevreuil ou avec un lièvre... Or, je vous l'avoue, je tiens à vivre...

— Je vous approuve, puisqu'il en est ainsi, et vous faites bien de partir...

— Une fois à cinquante ou soixante lieues d'ici, — reprit Cavaroc — j'écrirai à la baronne une lettre respectueuse et tendre, capable d'attendrir un cœur de rocher... — Si cette lettre produit son effet sur la terrible femme et sur ses ours de fils, ma femme et moi nous reviendrons... — Dans le cas contraire, je laisserai à cette famille endiablée tout le temps d'oublier l'outrage prétendu, et je me contenterai de réclamer les deux millions dont je dépenserai joyeusement à Paris les revenus, après avoir soldé mes créanciers farouches...

— Voilà qui me paraît bien combiné... dit Lascars, vous êtes un homme sage et vous pensez à tout.

Cavaroc regarda sa montre.

— Baron — fit-il ensuite — un dernier verre de Xérès... — l'heure du rendez-vous approche... — il faut que je vous quitte...

Lascars approcha de ses lèvres le verre rempli du liquide transparent qui miroitait dans le cristal.

— A la santé de la belle Marguerite de Capellen, vicomtesse de Cavaroc ! — s'écria-t-il.

— Merci, baron — j'en accepte l'augure, — répondit le vicomte — Marguerite et ses millions m'appartiennent... franchement, je le crois !... Donc, vive la fortune et vive la vengeance !...

En prononçant ces derniers mots Cavaroc s'était levé ; — il ouvrit une armoire ; — il en tira une échelle de soie, fine et souple, qu'il enroula autour de ses reins et qui fut cachée complètement par les larges basques de sa veste de satin couleur de soufre ; — il mit dans ses poches deux pistolets et, s'enveloppant dans un large manteau *couleur de muraille*, il dit à Lascars :

— Venez, cher baron, l'heure me presse...

Les deux hommes quittèrent la petite maison.

— Au revoir, et à demain... murmura Cavaroc.

— Je vais, si vous le voulez bien — répliqua Roland — vous accompagner jusqu'à la muraille d'enceinte du jardin des Capellen... J'aurai du moins ainsi le plaisir de passer quelques instants de plus avec vous...

LXIX

L'AGENT

Cavaroc s'empressa d'accepter la gracieuse proposition de Lascars, et les gentilhommes firent route ensemble dans les rue mal éclairées. Le trajet, d'ailleurs, ne dura que quelques minutes, tant était courte la distance qui séparait l'hôtel de la baronne et la petite maison du vicomte. Peu de paroles furent échangées pendant ce trajet ; Cavaroc s'arrêta et dit à Lascars :

— Nous sommes arrivés...

Les deux compagnons se trouvaient en ce moment au pied d'une muraille assez haute, et les épais branchages d'un arbre gigantesque s'entre-croisaient au-dessus de leurs têtes. Le vicomte détacha l'échelle de soie enroulée autour de ses reins ; — il lança les crochets si adroitement qu'ils mordirent du premier coup le sommet du mur puis, après avoir serré une dernière fois la main de Roland et lui avoir répété : — *à demain*, — il s'élança sur les frêles échelons, et disparut parmi les feuillages et les ténèbres. Rien ne retenait plus le baron dans la rue déserte; — il ne comptait point retourner au Cursaal, et ce qu'il avait de mieux à faire était de regagner son lit; — en conséquence il s'orienta sans peine et reprit le chemin de l'hôtellerie du *Faucon-Blanc*. Tout en cheminant il se disait :

— C'est vraiment une chose étrange que ces rapports frappants et nombreux entre la destinée de Cavaroc et la mienne ! — Les situations dans lesquelles nous nous trouvons placés l'un et l'autre par les hasards de la vie sont de tous points identiques ! — Ruiné et poursuivi comme moi, il trouve comme moi le moyen de refaire d'un jour à l'autre sa fortune par un mariage imprévu et inespéré, et je parierais bien qu'il ne saura pas conserver mieux que moi la richesse inattendue que lui rend son heureuse étoile !...

Lascars s'arrêta quelque temps à cette pensée, puis il reprit son monologue interrompu.

— A la place de Cavaroc, cependant — murmura-t-il — je ne chanterais victoire que la nuit prochaine, après la bénédiction nuptiale, lorsque j'aurais dans ma poche l'acte de mariage bien en règle, et surtout lorsqu'une bonne chaise de poste m'emporterait rapidement loin d'Aix-la Chapelle... — Jusque-là, jusqu'à la dernière minute, je tremblerais de voir ces frères farouches, ces gigantesques jeunes barons, se jeter à la traverse de mes projets, et tenir à mon égard leurs promesses homicides...

En causant ainsi avec lui-même Roland avait parcouru la plus grande partie de la ville, et il déboucha sur la petite place à l'une des extrémités de laquelle s'élevait l'hôtellerie du *Faucon-Blanc*. Une grosse lanterne aux verres ternis, suspendue au-dessus du portail de l'hôtellerie éclairait seule cette place, et l'éclairait fort mal. A l'instant précis où Roland soulevait le marteau de fer et le laissait retomber avec fracas sur la plaque sonore, trois hommes aux allures mystérieuses sortirent des encoignures sombres où ils se cachaient, et formèrent un triangle derrière notre héros qu'ils observèrent attentivement mais sans manifester l'intention de se rapprocher de lui davantage... Lascars, qu'aucun pressentiment fâcheux n'agitait et qui pensait n'avoir absolument rien à redouter, pénétra sous la voûte et referma la porte derrière lui, sans même avoir remarqué la présence de ces guetteurs plus que suspects. Les trois inconnus laissèrent s'écouler une ou deux minutes, puis ils échangèrent un signe mystérieux et l'un d'eux, s'approchant de la porte à son tour, tandis que les deux autres rentraient dans l'ombre, saisit le marteau, et frappa d'une façon discrète et continue, en un homme qui souhaite se faire entendre, mais qui ne veut réveiller personne. La porte s'ouvrit plus vite encore qu'elle ne s'était ouverte pour Lascars. Le personnage mystérieux entra, de l'air d'un habitué de la maison ; il se dirigea vers la petite pièce où trônait presque toujours Otto Butler, et en franchit résolument le seuil. L'ex-juif, assis devant son bureau, ses lunettes serrant le bout de son nez et les doigts tout tachés d'encre, était en train de tracer de longues colonnes de chiffres sur un registre énorme, à seule fin d'établir de façon catégorique le compte de ses dépenses et de ses recettes de la journée, et de se démontrer à lui-même que ses bénéfices étaient réjouissants. Le bruit de la porte vitrée qui s'ouvrait lui fit lever la tête ; — il fronça le sourcil en voyant le nocturne visiteur et ne se donna point la peine de dissimuler une grimace fort laide.

Nous devons à la vérité de convenir que ce visiteur ne payait pas de mine, et qu'il était difficile d'imaginer un visage plus blafard, des yeux plus faux, une plus sinistre physionomie en un mot.

— Eh ! quoi — dit brusquement l'hôtelier — encore vous !

— Oui, mon cher et digne monsieur Otto Butler, encore moi... tout prêt à vous servir, si j'en étais capable... — répliqua le nouveau venu avec un sourire qui rendait plus repoussante et plus répulsive qu'elle ne l'était un instant auparavant sa figure de plat coquin.

— Que me voulez-vous ?

— Je viens solliciter un nouveau renseignement...

— Lequel ?

— Quelqu'un vient de rentrer à l'hôtellerie...

— C'est possible...

— Est-ce notre homme ?

— Je n'en sais rien... — je n'ai pas pour habitude d'espionner les gens qui entrent dans ma maison ou ceux qui en sortent...

— Cher et digne monsieur Otto Butler — reprit l'inconnu avec un sourire encore plus faux que le premier — il est absolument indispensable de faire à ma question une réponse satisfaisante, sinon je me verrais contraint — à mon grand regret, croyez-le — d'adresser à qui de droit un rapport sur votre compte, et de signaler votre manque de bon vouloir pour les agents chargés d'une mission de confiance... — prenez donc bien garde de vous compromettre...

L'hôtelier réprima, non sans peine, un mouvement

d'impatience, et mit en branle le cordon d'une sonnette. Le valet faisant fonction de concierge, — ou plutôt de portier, comme on disait alors — accourut à cet appel.

— Quel est le voyageur qui vient de rentrer ? — lui demanda brusquement Otto Butler.

— C'est M. le baron de Lascars... — répondit le valet.

— Il suffit.. — Allez...

Le portier sortit et Otto Butler se tourna vers l'inconnu.

— Est-ce tout ce que vous voulez savoir ? — lui dit-il alors.

— Oui. Seulement il me reste une recommandation à vous adresser...

— Ah ! ah !...

— Le lièvre étant rentré paisiblement au gîte, tout va pour le mieux ! — A la pointe du jour, comme je vous l'ai déjà dit, l'officier de police se présentera céans avec l'ordre d'arrestation et muni d'une suffisante escorte, en prévision du cas improbable où le criminel tenterait quelque résistance... — D'ici là, faites bonne garde et tenez la main à ce que M. le baron de Lascars ne quitte point l'appartement qu'il occupe dans votre maison...

Le juif converti secoua la tête.

— Refuseriez-vous, par hasard ? — s'écria l'agent.

Au lieu de répondre, l'hôtelier interrogea.

— Est-ce que vous n'avez pas du monde dans la rue ?... fit-il.

— J'ai deux hommes, et j'y suis moi-même...

— Et, sans doute, vous n'en bougerez pas jusqu'au matin ?

— Naturellement.

— Dans ce cas vous saurez très bien suffire à la surveillance que vous me commandez... — Je ne suis point de la police, moi, que diable! — On ne me paie pas pour monter la garde et faire le guet. — Quand les papiers des voyageurs qui logent chez moi sont en règle, je n'ai ni le droit, ni la volonté de leur demander autre chose... leurs démêlés avec la loi ne me regardent ni peu, ni beaucoup... — Le baron de Lascars me doit de l'argent... — Vous chargez-vous de solder sa note si je me constitue cette nuit son geôlier officieux ?...

— Je n'ai pas les pouvoirs nécessaires pour vous le promettre... — répondit vivement l'agent de police — et je vous engage à n'y point compter...

— Faites donc vos affaires sans moi... — reprit l'hôtelier — je vais me coucher et je ne me mêlerai de quoi que ce soit... — C'est bien assez qu'il résulte de tout ceci, à mon préjudice, une perte d'argent très probable, et, à coup sûr, un grand scandale, ce qui peut me causer un tort irréparable... — vous êtes le chasseur, vous savez où est le gibier... — Arrangez-vous, et bonsoir...

Nous ne saurions dire si l'agent trouva bonnes ou mauvaises, les raisons d'Otto Butler ; — toujours est-il qu'il ne répliqua rien et sortit.

— Par le Dieu d'Abraham, d'Isaac et de Jacob, — s'écria le ci-devant israélite, quand il se retrouva seul — c'est là une fâcheuse affaire ! — que maudit soit le jour où ce coquin de Français, qui peut-être est baron comme je suis Turc, est venu loger chez moi... — Une descente de police dans mon hôtellerie produira le plus déplorable effet... — Toute la ville parlera demain de cet événement inouï !.. Mes rivaux et mes envieux feront courir le bruit que je loge des scélérats et que ma maison est suspecte... — on ira jusqu'à dire que je suis compromis, et j'y perdrai, sans aucun doute, des clients de haute distinction...

Otto Butler fut interrompu dans ses réflexions désolantes par le bruit d'un galop impétueux et retentissant au milieu du silence nocturne sur les pavés de la petite place. Presqu'en même temps le marteau de la porte cochère fut agité violemment, à plusieurs reprises, et un piqueur à cheval fit sous la voûte une entrée tapageuse. — La livrée du piqueur était galonnée à outrance ; — la robe du cheval était grise de poussière et blanche d'écume. — Ce valet venait de fournir à franc étrier une étape de vingt lieues, ne mettant pied à terre que pour changer de monture à chaque relai. — Il précédait de quelques heures la chaise de poste de ses maîtres, et il avait mission de faire préparer pour eux l'appartement le plus vaste et le plus beau de l'hôtellerie du *Faucon-Blanc*. La perspective de loger le lendemain de fort grands seigneurs, et par conséquent celle de réaliser avec eux de gros bénéfices, chassa les idées sombres de l'hôtelier et lui fit momentanément oublier ses préoccupations fâcheuses... Il réveilla valets et servantes, leur enjoignit de tout mettre en ordre, afin de satisfaire les illustres hôtes attendus, et, au lieu d'aller se coucher, ainsi que nous l'avons entendu en manifester l'intention il passa le reste de la nuit à surveiller les préparatifs... Une si belle conduite mérite assurément tous nos éloges, — mais nous savons déjà qu'Otto Butler était un hôtelier modèle (1).

FIN DU MARIAGE DE LASCARS

---

(1) L'épisode qui suit et termine ce récit est intitulé *Les Pirates de la Seine*.

TABLE DES CHAPITRES

XXXVIII.	— Nouveau point de vue.	1
XXXIX.	— L'hôtel de la Boisière. — Le Chariot-d'Or.	11
XL.	— Le chevalier de la Morlière	18
XLI.	— Les oiseaux de proie	25
XLII.	— Madame Audoin	36
XLIII.	— Déclaration.	44
XLIV.	— Une décision.	52
XLV.	— Une transaction.	61
XLVI.	— Dans lequel il est prouvé qu'un mouton peut manger un loup	71
XLVII.	— Le marché du sang.	82
XLVIII.	— Hermine et Cydalise	89
XLIX.	— Philippe Talbot.	98
L.	— Qui se rapproche du drame.	106
LI.	— La santé de Caïn.	115
LII.	— Provocation	128
LIII.	— La veillée des armes	130
LIV.	— Au bois de Vincennes.	139
LV.	— Le duel	146
LVI.	— Où la mauvaise étoile de Sauvageon reparaît.	153
LVII.	— Le testament.	161
LVIII.	— Le rêve	169
LIX.	— Le rêve	172

TABLE DES CHAPITRES

LX.	— Ténèbres.	184
LXI.	— Résolution.	193
LXII.	— Tancrède.	201
LXIII.	— L'hôtellerie du *Faucon-Blanc*	209
LXIV.	— Le mari et la femme.	217
LXV.	— Une note en retard.	227
LXVI.	— Lascars et Cavaroc.	234
LXVII.	— Le récit de Cavaroc.	248
LXVIII.	— Le témoin de Cavaroc	277
LXIX.	— L'agent.	285

Émile Colin. — Imprimerie de Lagny.

www.ingramcontent.com/pod-product-compliance
Lightning Source LLC
Chambersburg PA
CBHW071140160426
43196CB00011B/1955